También de John Mark Comer

Elimina la prisa de tu vida: Cómo mantener la salud emocional y espiritual en el caos del mundo moderno

Practica el camino

Vivir sin mentiras: Reconoce y resiste a los tres enemigos que sabotean tu paz

Dios tiene un nombre

John Mark Comer

ORIGEN

Penguin
Random House
Grupo Editorial

Título original: *God Has a Name*

Primera edición: octubre de 2025
Publicado bajo acuerdo con HaperCollins Publishing, Inc

Publicado por ORIGEN®, marca registrada de
Penguin Random House Grupo Editorial USA, LLC
8950 SW 74th Court, Suite 2010
Miami, FL 33156

Traducción: Eloida Viegas

Impreso en Colombia / *Printed in Colombia*

Información de catalogación de publicaciones disponible
en la Biblioteca del Congreso de los Estados Unidos

ISBN: 979-8-89098-354-1

25 26 27 28 29 10 9 8 7 6 5 4 3 2 1

Dios tiene un nombre de John Mark Comer no es solo un libro: es una experiencia. Este libro es más que un manjar nutritivo; es una experiencia estética llena de pasión y poder, verdad e imaginación. Es uno de los pocos escritores cristianos que me hace querer leer más (buenos) libros y ver menos Netflix.

Dr. Preston Sprinkle, autor bestseller del *New York Times* y presidente de The Center for Faith, Sexuality and Gender

John Mark Comer es un maestro comunicador. Y más importante aún, ama la Biblia, escucha la Biblia y ha aprendido de la Biblia de una forma tan profunda que lo que enseña y predica está impregnado de ella. Solo por esa razón, John Mark se ha convertido en una voz importante en la iglesia estadounidense. *Dios tiene un nombre* nos ofrece nada menos que un panorama de la comprensión bíblica de Dios basado en uno de los pasajes más importantes (y a menudo descuidados) de toda la Biblia. ¡Este libro bendecirá tu vida porque te llevará directamente a Dios!

Scot McKnight, PhD, profesor Julius R. Mantey de Nuevo Testamento en Northern Seminary

La mejor manera de describir a *Dios tiene un nombre* es imaginar que *The Knowledge of the Holy* [El conocimiento del Dios Santo] de A. W. Tozer y *What We Talk About When We Talk About God* [De qué hablamos cuando hablamos de Dios] de Rob Bell tuvieran un hijo rebelde que se opone a sus padres.

David Lomas, pastor principal de Reality San Francisco y autor de *The Truest Thing about You* [La mayor verdad sobre ti]

En una época en la que todos piensan que Jesús está de *su* lado, respaldando *su* agenda y apoyando *sus* ideologías, nos hemos convertido en un pueblo ortodoxo según nuestra propia medida. Todos parecen afirmar: «Yo soy la medida de la verdad y los disidentes deben ser quemados en la hoguera». De la mano de John Mark Comer, tenemos un libro que hará estallar nuestras burbujas de arrogancia. Al final, nos obliga a salir del autoengrandecimiento y nos invita al salón del trono de la adoración. ¡Lo recomiendo sin reservas!

Dr. A. J. Swoboda, pastor, profesor y autor de *The Dusty Ones* [Los desgastados]

Con su estilo único, un humor maravillosamente encantador y una habilidad especial para la paráfrasis teológica, John Mark Comer ha creado otra obra desafiante que oramos para que impacte a los lectores tanto como ha impactado a nuestra comunidad en Portland.

Los ancianos de Bridgetown Church

John Mark Comer es un guía sabio y estimulante que muestra cuánto hemos subestimado la infinita misericordia de Dios en el Antiguo Testamento. Prepárate para que tus suposiciones más profundas sobre el carácter de Dios sean desafiadas de la mejor manera posible.

Dr. Tim Mackie, co-creador de *The Bible Project* [El proyecto Biblia]

«¿Cómo es Dios?» es *la* pregunta que uno debe responder. La propia Biblia cita constantemente Éxodo 34:6-7. Las reflexiones de John Mark Comer te ayudarán a meditar sobre lo que enseña. Tu mente, tu espíritu y tu corazón serán transformados.

Gerry Breshears, PhD, profesor de Teología en Western Seminary, Portland

A lo largo del mundo occidental hay un número creciente de vecindarios, ciudades y pueblos que se aferran firmemente a sus identidades progresistas, resistiendo y rechazando el cristianismo como algo pasado de moda, en el mejor de los casos, y opresivo, en el peor. John Mark Comer pastorea desde una de esas ciudades (Portland) animándonos a vivir una vida de discipulado fiel, profunda y comprometida. Su voz es importante, ya que nos ayuda a florecer como seguidores de Cristo en contextos donde se cuestiona hasta el nombre de Dios.

Mark Sayers, pastor senior de Red Church en Melbourne, Australia, y autor de *Disappearing Church* [Una iglesia que desaparece] y *Strange Days* [Días extraños]

No hay muchas preguntas en la vida cuya respuesta pueda cambiarlo todo. Pero inquirir quién es Dios y cómo es son dos de esas preguntas, y John Mark Comer las responde de manera brillante en este libro.

Jefferson Bethke, autor de *It's Not What You Think* [No es lo que piensas]

A pesar de la creciente popularidad del ateísmo, la gran mayoría de las personas aún asevera creer en Dios. Sin embargo, este «dios» suele ser solo una proyección de sus propios valores, de su moral y de sus pensamientos. Este libro es una guía sencilla, pero profunda, sobre lo que Dios ha dicho sobre sí mismo. Quien afirma *Él* que es y su verdadera identidad y carácter son mucho más distintos y mucho mejores de lo que jamás podríamos imaginar.

Skye Jethani, autor de *With* [Con] y exeditor en *Christianity Today* [Cristianismo hoy]

Tras leer las primeras páginas de *Dios tiene un nombre* alcé ambos puños al aire. Después del tercer capítulo, sentí ganas de chocar pecho contra pecho con todos los que estaban en la cafetería. Al final del libro, me sentí como Jack Black en los créditos finales de *School of Rock* [Escuela de rock]. ¡Este libro es electrizante! No estoy seguro de a quién sacudirá más, si al escéptico desencantado o al religioso de toda la vida, pero, de cualquier manera, ¡consíguelo!

Evan Wickham, artista, líder de alabanza y plantador de iglesias, San Diego, California

Si disfrutas de la lectura, por favor, cuéntaselo a tus amigos.

#diostieneunnombre

La senda

Nota para el lector:

Como la mayoría de las traducciones de la Biblia, la versión NVI traduce el nombre hebreo de Dios, «Yahveh», con el título «el Señor». Por razones que se aclararán a medida que avances, hemos añadido Yahveh entre corchetes. Cada vez que lo leas, recuerda que Dios tiene un nombre.

Éxodo 34:4-7

Moisés labró dos tablas de piedra semejantes a las primeras y muy de mañana las llevó en sus manos al monte Sinaí, como se lo había ordenado el Señor [Yahveh]. El Señor [Yahveh] descendió en la nube y se puso junto

a Moisés. Luego le dio a conocer su nombre: pasando delante de él, proclamó: «El Señor [Yahveh], el Señor [Yahveh], Dios compasivo y misericordioso, lento para la ira y grande en amor y fidelidad, que mantiene su amor hasta mil generaciones después y que perdona la maldad, la rebelión y el pecado; pero no tendrá por inocente al culpable, sino que castiga la maldad de los padres en los hijos hasta la tercera y cuarta generación».

Prólogo

El Dios en la cima de la montaña

La semana pasada, un ateo se acercó a mí y me preguntó cómo podía creer en un Dios que hizo que los padres se comieran a sus hijos.

Naturalmente, me quedé un poco confundido. Mucha gente tiene ideas extrañas sobre Dios, pero *¿canibalismo*? Eso sí que era nuevo.

Hablaba en un evento, y el tema de ese fin de semana era la Biblia: en toda su rareza, misterio, drama, verdad, mentiras, violencia, no violencia, burros sarcásticos, Mesías moribundos y su «¿pero qué rayos está pasando con *esta* historia?».

Se suponía que el evento era para pastores y líderes de iglesia, pero varios ateos se colaron en la fiesta.

Resulta que mucha gente tiene problemas con la Biblia.

Incluso la mayoría de nosotros tenemos problemas con Dios.

Así que este muchacho, Micah, se me acerca con una cita de *Levítico*. (¿Por qué siempre es Levítico?). Había sacado accidentalmente una línea fuera de contexto y la había malinterpretado. Esto suele ocurrir.

Tuvimos una charla agradable sobre cómo, en realidad, Dios no es un caníbal, y luego tuve que subir al escenario y enseñar. Sin embargo, más tarde me di cuenta de que Micah, el ateo, y yo, el pastor, estábamos hablando de Dios, aunque ambos teníamos ideas radicalmente diferentes respecto a *quién es Dios*.

Para mí, Dios es el Creador de todo lo bueno, lo hermoso y lo verdadero; el Dios del que leo en las Escrituras y el que veo luego en Jesús de Nazaret.

Para Micah, Dios es un monstruo sádico que obligó a los antiguos hebreos a comerse a sus hijos.

La misma Biblia, pero un Dios *ciertamente diferente*.

Unas semanas después, mi hijo Jude me preguntó sobre la resurrección de Jesús. Quería saber si Jesús era un zombi, como en *Guerra Mundial Z*.

¿Jesús, un zombi?[1]

Actuamos como si la palabra «Dios» fuera un denominador común, pero no lo es.

Cuando hablamos de Dios, resulta que nuestras ideas están por todas partes.

En Occidente, todavía vivimos con la resaca de nuestro pasado cristianizado. Hubo un tiempo en el que podías decir «Dios» y las personas pensaban enseguida en el Dios del que leemos en las Escrituras y vemos en Jesús. La mayoría incluso llegaría a las mismas conclusiones básicas sobre este Dios.

Ese tiempo ya quedó en el olvido.

Hoy, cuando digo «Dios», podrías pensar en muchas cosas, dependiendo de tu país de origen, tu idioma, tu religión, tu experiencia en la iglesia, tus antecedentes y, por supuesto, si tienes televisión por cable.

Todo esto me lleva a la pregunta central de este libro:
¿Quién es Dios?

No escribo este libro para demostrar que Dios existe. Si eres ateo, como mi nuevo amigo Micah, bienvenido a la mesa. Nos alegra que estés aquí. Solo quiero que sepas que no voy a ingresar en una lista interminable de razones por las que yo estoy en lo cierto y tú estás equivocado. Hay numerosas personas *mucho* más inteligentes que yo, la clase de personas con letras extra después de su nombre, que ya se han encargado de ello.

Solo puedo hablar desde mi propia experiencia, y, en mi caso, la existencia de Dios nunca fue la pregunta. He recorrido el camino de la duda, he tenido una crisis de fe (varias, en realidad), he reflexionado mucho sobre Jesús y he tenido una lista de preguntas tan larga sobre la Biblia que podría llegar a Florida y regresar (vivo en Portland; es un largo recorrido). Sin embargo, para mí, la cuestión nunca fue si Dios existe. Por la forma en que estoy hecho, esto siempre fue algo axiomático y evidente por sí mismo.

¿Has salido al exterior últimamente?

Por mi parte, la pregunta mucho más interesante siempre fue: «¿*Cómo* es Dios en realidad?».

¿Dios es él?

¿O es ella?

Vamos, hermanas…

¿Es Dios ellos?

¿O eso?

¿Está el árbol de mi jardín lleno de lo divino?

¿Lo estoy yo?

¿Acaso Dios es una persona? ¿O es él/ella/ellos/eso/el árbol/ quizás incluso yo más bien una fuerza de la energía o un estado mental?

¿O tiene razón Micah? ¿Es Dios solo un mito? ¿Acaso el vestigio de un mundo que todas las personas inteligentes y pensantes ya han superado? Ahora que tenemos ciencia y tecnología, «sabemos más».

Supongamos, por ahora, que *existe* algún tipo de ser invisible, pero real, que creó todo, y llamémosle «Dios» por el momento. Si es así, *¿cómo* es este Dios?

¿Amable o cruel?

¿Cercano y presente en mi vida, o distante e indiferente?

¿Estricto y rígido, como un predicador fundamentalista, o libre y relajado, como un buen progresista educado?

¿Vota por los demócratas? ¿O es republicano? ¿Tal vez del Partido Verde?

Y aquí va otra: ¿Es Dios todavía bueno para el mundo? Cada vez menos personas responden que sí. ¿Y si Dios y la religión son tan solo una fuente interminable de violencia, odio, fanatismo, hipocresía y música realmente mala?

¿Quién es este «Dios» a quien amamos, odiamos, adoramos, blasfemamos, en quien confiamos, al que tememos, creemos, de quien dudamos, al que usamos para maldecir, ante quien nos inclinamos, de quien hacemos bromas y, al que la mayor parte del tiempo, simplemente ignoramos?

Yo argumentaría que el modo en que respondas a esta pregunta *definirá* quién eres.

El escritor del siglo XX, A. W. Tozer, hizo una afirmación impactante: «Lo que nos viene a la mente cuando pensamos en Dios es lo más importante sobre nosotros».[2]

¿En serio?

¿*Lo* más importante?

¿Más que nuestro género, nuestra sexualidad, nuestra etnia, nuestra familia de origen, la ciudad en la que crecimos, dónde fuimos a la universidad, nuestra clase económica, o si nuestro deporte es el fútbol americano o el *fútbol*?

Absolutamente.

Aquí hay una verdad que atraviesa todo el universo: **nos convertimos en aquello que adoramos.**

Tozer continuó escribiendo: «Tendemos, por una ley secreta del alma, a movernos hacia nuestra imagen mental de Dios... Si pudiéramos extraer de cualquier hombre una respuesta total a la pregunta "¿Qué te viene a la mente cuando piensas en Dios?", podríamos predecir con certeza el futuro espiritual de ese hombre».[3]

Dicho de otra manera, lo que piensas de Dios moldeará tu destino en la vida.

Si piensas en Dios como un homofóbico, racista y enojado con el mundo, esta visión distorsionada de la realidad te convertirá en un fanático religioso que será —¡agárrate!— *homofóbico, racista y enojado con el mundo*.

Si piensas en Dios como un progresista educado, afín al movimiento LGBTQ+ de la costa oeste, eso te convertirá en el estereotipo del bohemio adinerado, con la pegatina «No a la intolerancia» adherida al parachoques de tu auto híbrido.

(No tomes esto como un ataque. Estoy escribiendo sobre la mitad de mis vecinos y amigos).

Si piensas en Dios como la versión cósmica de un *coach* de vida, que está ahí para «maximizar tu vida», eso te convertirá en un *yuppie* de autoayuda, incluso si lo disfrazas y le llamas a eso seguir a Jesús.

¿Ves a lo que me refiero?

El terrorista de ISIS que decapita al infiel; el predicador de la teología de la prosperidad que se baja de su Hummer después de una noche de copas con Kanye West; el manifestante de Westboro Baptist que, a la salida de un funeral militar, grita: «¡Dios odia a los mar…s!»; el hindú que ofrece una cabra a Shiva; el médico brujo africano que sacrifica a un niño pequeño; el francotirador del ejército de EE. UU. que reza a Dios antes de disparar; la activista por la paz que arriesga su vida para detener *otra* guerra porque cree en las enseñanzas de Jesús sobre el amor al enemigo; el cantante gay que se levanta en los Grammys y le da gracias a Dios por su canción sobre una aventura de una noche; la monja católica que renuncia a una «vida normal» para vivir en pobreza y trabajar por el cambio social… Todos estos hombres y mujeres hacen lo que hacen por lo que creen respecto a Dios.

Así que, claramente, lo que pensamos de Dios *importa*.

Quién es Dios tiene implicaciones profundas sobre *quiénes somos*.

He aquí el problema: normalmente acabamos teniendo un Dios que se parece mucho a *nosotros*.

Como reza el dicho: «Dios creó al hombre a su imagen. Y el hombre, que es un caballero, le devolvió el favor».[4]

Existe una inclinación humana en *todos* nosotros a hacer a Dios a nuestra propia imagen.

Mi amigo Scot McKnight es profesor de Nuevo Testamento en Chicago. Durante años, impartió una clase sobre Jesús, y comenzaba cada semestre con dos encuestas. La primera era un conjunto de preguntas sobre el estudiante: qué les gusta, qué no les gusta, en qué creen, etc. La segunda era el mismo conjunto de preguntas, pero esta vez sobre Jesús. Me comentó que el 90 % de las veces, *las respuestas eran exactamente las mismas.*

Es revelador, ¿no?

Aquí te dejo una forma de saber si has creado a Dios a tu imagen: *Él está de acuerdo contigo en todo.* Odia a todas las personas que tú odias. Votó por la misma persona por la que tú votaste. Si eres republicano, Él también lo es. Si eres demócrata, Él también lo es. Si eres un apasionado de _____, entonces Dios es un apasionado de _____. Si eres abierto y flexible respecto a la sexualidad, Él también lo es. Y, sobre todo, Él es manso. Nunca te enojas con Él ni te impresiona, ni te da miedo. Porque Él es *controlable*.

Y, por supuesto, es una creación de tu imaginación.

A menudo, lo que creemos sobre Dios habla más sobre *nosotros* que sobre Él. Nuestra teología es como un espejo del alma. Nos muestra lo que hay en lo más profundo.

Tal vez la verdad es que queremos un Dios controlable porque queremos ser Dios. *Nosotros* queremos ser la autoridad con respecto a quién es Dios o a quién no es, y sobre lo que está bien o mal, pero pretendemos que la máscara de la religión o la espiritualidad cubra la realidad de que queremos ser Dios.

La tentación más antigua y primitiva, que se remonta a Adán y Eva en el Jardín, es decidir por nosotros mismos cómo es Dios, y si debemos vivir conforme a su visión del florecimiento humano o inventar la nuestra propia. Todo esto para «llegar a ser como Dios, conocedores del bien y del mal».[5]

Por eso, la teología es tan increíblemente importante.

La palabra *teología* proviene de dos palabras griegas: *theo*, que significa «dios», y *logos*, que significa «palabra». En resumen, la teología es una palabra sobre Dios. Es lo que nos viene a la mente cuando pensamos en Él.

No es que algunos de nosotros estemos interesados en la teología y otros no. *Todos* tenemos una teología. *Todos* tenemos pensamientos, opiniones y convicciones respecto a Dios. Buenos, malos, correctos, incorrectos, brillantes, peligrosos; todos teologizamos.

No obstante, el problema es que la mayor parte de lo que pensamos sobre Dios es simplemente erróneo.

Sé que es directo, pero en realidad no sé cómo expresarlo de otro modo.

Gran parte de lo que leemos en las noticias, o vemos en la televisión, o escuchamos en la calle en cuanto a Dios y a la forma en que Él actúa, está mal. Tal vez no *completamente* mal, pero sí lo bastante como para arruinar nuestra forma de vivir.

En el mundo moderno, partimos de la suposición de que sabemos cómo es Dios, y luego juzgamos cada religión, cada iglesia, cada sermón o cada libro según nuestra visión de Dios.

Hace un tiempo, leí una entrevista en *Rolling Stone* a una celebridad que contaba que creció en la iglesia, pero la dejó en la universidad porque «no podía creer en un Dios que limitara el sexo a un hombre y una mujer para toda la vida».[6]

Lo que me sorprendió no fue la parte del sexo. Al fin y al cabo, vivimos en el mundo moderno, y aquel individuo era una estrella de rock…

Lo que me sorprendió fue el extraño giro de lógica.

¿No podía creer en un Dios que _____?

Como si lo que pensamos y sentimos sobre Dios fuera un barómetro preciso de lo que Él es en realidad.

Los escritores de la Biblia lo abordan de la otra manera. Desde Moisés hasta Mateo dan por sentado que *no tenemos idea de cómo es Dios*. De hecho, presuponen que gran parte de lo que pensamos de Dios está totalmente fuera de lugar. Si la historia nos enseña algo es que la mayoría de las veces estamos equivocados.

Y no pienses que si eres religioso (o incluso si eres cristiano) estás a salvo. Jesús pasó la mayor parte de su tiempo ayudando a las personas religiosas a ver que muchas de las cosas que pensaban de Dios también estaban equivocadas.

Ustedes han oído que se dijo…

Pero yo les digo…

O comenzaba una enseñanza diciendo: «El reino de Dios es *semejante a…*», y entonces contaba una historia que estaba radicalmente fuera de lugar respecto a la forma de pensar de su época.

Para Jesús y todos los escritores de las Escrituras, el punto de partida para toda teología es la comprensión de que:

No sabemos cómo es Dios, *pero podemos aprender.*

No obstante, para aprender *debemos ir a la fuente.*

Y eso significa que necesitamos revelación. De lo contrario, terminamos con todo tipo de ideas erróneas, raras, falsas y puede que hasta tóxicas sobre Dios.

Por «revelación», no me refiero al último libro de la Biblia o a los gráficos desplegables de los años 70 sobre el fin del mundo. Me refiero a que Dios mismo tiene que revelarnos cómo es. Él tiene que apartar el telón del universo y dejarnos a ti y a mí mirar dentro. Sin embargo, he aquí la cuestión: la revelación, por definición, suele ser una *sorpresa*. Un giro en la historia. Una ruptura con el *statu quo*. Así que cuando Dios se revela, casi siempre difiere de nuestras expectativas.

Todo esto nos lleva a Moisés en la cima del Monte Sinaí.

Sí. Ahí vamos.

Soy seguidor de Jesús, no musulmán ni hindú, ni budista, ni Caballero Jedi (lamentablemente). Así que todo lo que pienso de Dios lo veo a través de las Escrituras y de Jesús mismo.

Las Escrituras son, ante todo, una historia. Y es una historia sobre Dios. Queremos convertirla en una historia sobre *nosotros*, sobre cómo salir adelante en la vida, tener buen sexo, mejorar nuestro portafolio o simplemente ser felices. Y hay todo tipo de «principios de éxito» en la Biblia, pero, sinceramente, la historia no consiste en esto. Si desmontas la Biblia hasta su núcleo central, es una historia sobre Dios y sobre cómo nosotros, como pueblo, nos relacionamos con Él.

Y en la historia, hay momentos culminantes en los que se abre la puerta y tenemos una visión completamente nueva, convincente y, a veces, aterradora de quién es Dios.

A menudo, estos momentos ocurren en una montaña.

Si alguna vez has leído la Biblia, sabes que el segundo libro se llama *Éxodo*.[7] El escenario de este libro es Israel en el desierto, transitando desde la esclavitud en Egipto hacia la libertad en una nueva tierra. Pero, por decir lo menos, es un viaje complicado.

Al frente del pueblo de Dios está el profeta Moisés, quien tiene una relación totalmente única con el Creador. Leemos que Dios hablaba con Moisés «cara a cara, como quien habla con un amigo».[8]

En Éxodo 33, podemos escuchar una conversación entre Moisés y Dios. Moisés está pidiendo a Dios que acompañe a los israelitas en cada paso del camino, y en un momento le solicita: «Déjame ver tu gloria».[9]

En la literatura hebrea antigua como *Éxodo*, hablar de la gloria de Dios significaba hablar de su *presencia* y su *belleza*.[10] Moisés está pidiendo ver a Dios tal como es, experimentar su verdadera esencia. Ver a Dios en persona.

Para Moisés, no basta con tener un conocimiento intelectual. Desea *experimentar* a Dios.

Dios, en su gracia, le explica a Moisés que no puede ver su rostro porque moriría: «Porque nadie puede verme y seguir con vida».[11] Sin embargo, le ofrece algo aún mejor. Dios le indica: «Voy a darte pruebas de mi bondad y te daré a conocer mi nombre [Yahveh]».[12]

Por tanto, *Dios*

tiene un *nombre*.

A la mañana siguiente, Moisés se levanta temprano y sube a la cima del monte Sinaí. Lo que sigue es uno de los párrafos más asombrosos de toda la Biblia.

«El Señor [Yahveh] descendió en la nube y se puso junto a Moisés. Luego le dio a conocer su nombre: pasando delante de él, proclamó:

—El Señor [Yahveh], el Señor [Yahveh], Dios compasivo y misericordioso, lento para la ira y grande en amor y fidelidad, que mantiene su amor hasta mil generaciones después y que perdona la maldad, la rebelión y el pecado; pero no tendrá por inocente al culpable, sino que castiga la maldad de los padres en los hijos hasta la tercera y cuarta generación».[13]

Este es uno de esos momentos decisivos en los que *todo* cambia. Es uno de los pocos lugares de toda la Biblia donde Dios se autodescribe, donde afirma de manera fundamental: «Así soy yo». Piensa en ello como la declaración de autorrevelación de Dios, su comunicado de prensa para el mundo.[14]

Por ello, este pasaje es posiblemente **el más citado *de* la Biblia *por* la Biblia.**[15]

Los escritores bíblicos vuelven a este texto una y *otra* vez, *decenas* de veces. Moisés, David, Jeremías y Jonás lo citan, aluden a él, lo oran, lo cantan, lo reclaman e incluso se quejan de Él, pero, por encima de todo, lo *creen*.

Este pasaje es el punto de partida para una teología de Dios.

Sin embargo, lo que me impacta es lo diferente que es este texto de lo que cabría esperar.

Los que vivimos en Occidente tendemos a pensar en Dios en categorías filosóficas. Si tomas un libro sobre Dios, a menudo comienza con los omnis...

Dios es omnipotente (todopoderoso).

Dios es omnisciente (lo sabe todo).

Dios es omnipresente (está en todos los sitios a la vez).

Y todo eso es cierto. Lo creo.[16] Pero este es mi problema: Cuando Dios se autodescribe, no comienza hablando de lo poderoso que es, de cómo lo sabe todo, de cómo ha existido trascendiendo el tiempo y el espacio, y de que no hay nadie más como Él en el universo.

Todo eso es cierto, pero, al parecer, para Dios eso no es lo más importante.

Cuando Dios se describe a sí mismo, empieza con su *nombre*. Luego habla de lo que llamamos *carácter*. Él es compasivo y misericordioso; lento para la ira; grande en amor y fidelidad, y así continúa.

Y eso tiene sentido. Empezar con los «omnis» sería como si alguien me preguntara sobre mi esposa, y yo respondiera que tiene treinta y tres años, mide 1.55 metros (5 pies), pesa 54 kilos (120 libras), tiene el cabello negro, los ojos marrones y es de ascendencia latinoamericana...

Todo eso es verdad, pero si estuvieras escuchándome mientras suelto todos esos datos sobre ella, lo más probable es que en algún momento me interrumpas y preguntes: «Sí, pero *¿cómo* es ella? Háblame de *ella*. ¿Cuál es su personalidad? ¿Es relajada o perfeccionista? ¿Es sociable o reservada? ¿Qué le apasiona? ¿Qué te hizo enamorarte de ella? ¿Qué la hace ser *ella misma*?».

Así es como hablamos de Dios la mayor parte del tiempo; recitamos una serie de cosas sobre Dios que son ciertas, pero no son las cosas que realmente lo definen a *Él*.

Por eso, este pasaje de Éxodo es como un soplo de aire fresco. Resulta que Dios es mejor de lo que cualquiera de nosotros podría imaginar.

Quizás hayas leído antes este pasaje al vuelo, o tal vez ni te resulte familiar, pero es *central* en la historia de la Biblia. Los rabinos le atribuyen una importancia enorme. En la cultura judía, se le conoce como los «Trece atributos de misericordia», y los judíos ortodoxos lo rezan en los días santos como el Yom Kipur, antes de leer la Torá y en la sinagoga.[17] Es como el Juan 3:16 del judaísmo. Si has pasado algún tiempo en la iglesia, estoy seguro de que te sabes Juan 3:16 de memoria: «Porque tanto amó Dios al mundo...». Pero, curiosamente, en la mayoría de las iglesias se cuenta poco o nada sobre Éxodo 34:6-7, aunque sin duda es el pasaje más citado *en* la Biblia *por* la Biblia misma.

Cambiemos eso, ¿te parece?

Aquí tienes el plan de cómo abordaremos este libro...

Hablaremos de Éxodo 34:6-7 *línea por línea*, tomándonos el tiempo de empapar nuestra imaginación de cada palabra. Cada capítulo se desarrollará más o menos así:

En primer lugar, hablaremos del hebreo original. Es increíble lo que se puede descubrir al profundizar en el lenguaje.

En la sección titulada DOS: Historias, veremos una o dos historias en las que escritores posteriores de las Escrituras citan ese pasaje; historias en las que vemos a Dios mostrar su carácter.

En la sección TRES: Jesús, avanzaremos rápidamente hasta Él. Como seguidor de Jesús, creo firmemente que el Dios en la cima del monte Sinaí (el Dios del trueno, de los relámpagos, del fuego, del humo y con una voz como el estallido de una trompeta con un *subwoofer* en el maletero trasero) se encarnó como el rabino Jesús de Nazaret. Y en Jesús, vemos con más claridad que nunca cómo es Dios.

Finalmente, en el título CUATRO: Nosotros, daremos un paso atrás y reflexionaremos sobre lo que significa la *identidad* de *Dios* para *nuestra existencia*, y el potencial que esto tiene de transformar nuestras vidas desde sus cimientos, liberándonos de los pesos que nos impiden experimentar esa vida plena, profunda, amplia, ilimitada, desafiante, vigorizante y nos lleva a pensar: «No puedo creer que esta sea mi vida», el tipo de existencia para la que Dios nos creó y que Jesús mostró con su ejemplo.

¿Te parece un buen plan?

Espero que estés ahí sentado pensando: *Hagámoslo.*

Ahora, antes de terminar esta introducción, permíteme poner todas mis cartas sobre la mesa.

Escribir un libro sobre Dios es aterrador. ¿Quién soy *yo*? No solo es una tarea abrumadora, sino que, además, piensa en lo que está en juego.

Podrías leer este libro y obtener una visión *equivocada* de Dios. Eso no supondría un error menor por mi parte.

O podrías leer este libro y, al hacerlo, transformar radicalmente tu forma de relacionarte con Dios, lo que podría remodelar tu vida desde sus cimientos.

Mientras estoy aquí escribiendo, siento tanto el pulso como el latido de mi corazón golpeando en mi pecho, la sensación de que *tengo* que escribir esto. Pero también siento un peso sobre mis hombros. Una gravedad y seriedad. Una convicción de que debo hacerlo bien.

Por tanto, daré lo mejor de mí, pero, en última instancia, bueno… yo no soy Dios.

Y aunque lo *fuera*, y este libro fuera la transcripción de mi conversación con John Mark Comer, aún te quedarías con preguntas, como le pasó a Moisés. Y al poeta Job. Y al profeta Habacuc. Y al discípulo Pedro. Y, prácticamente, a todas las personas que alguna vez han tenido un encuentro con el Dios que es totalmente Otro.

En Dios existe un misterio que nunca llegamos a descifrar por completo. Al fin y al cabo, estamos tratando con un ser totalmente distinto a cualquier otro en el universo.

No es como si terminaras de leer este libro, te reclinaras en tu silla y pensaras: *Ya lo entiendo todo.*

No funciona así.

En un punto del libro de Éxodo, Moisés le pregunta a Dios por su nombre, y Dios responde: «Yo soy el que soy».[18]

Bueno, eso *realmente* lo aclara todo, ¿verdad?

Dios puede ser misterioso, difuso, elusivo y difícil de captar a veces. En la cima del monte Sinaí había una nube, no un esquema de ingeniería. Todos fueron invitados a subir a la montaña, pero solo Moisés tuvo el valor de internarse en la nube.

Así que propongo que empecemos con la oración de Moisés: «Déjame ver tu gloria».[19]

Aunque lo único que veamos sea un destello y solo escuchemos un eco, el viaje merece la pena.

Antes de emprender el camino, pregúntate: «¿Tengo el valor de entrar en la nube?».

Leer un libro sobre Dios es una cosa. Escalar una montaña en medio del desierto y lanzarse de cabeza a la oscuridad es otra extremadamente distinta. Es abandonarse a una vida peligrosa, arriesgada, que no se detiene por nada, en busca de Dios.

Con suerte, este libro te proporcionará el coraje para subir la montaña, sin importar lo que encuentres en la cima.

Capítulo 1

«**El Señor [Yahveh]**, el Señor
[Yahveh], Dios compasivo y
misericordioso, lento para
la ira y grande en amor y
fidelidad, que mantiene su
amor hasta mil generaciones
después y que perdona
la maldad, la rebelión y el
pecado; pero no tendrá por
inocente al culpable, sino
que castiga la maldad de los
padres en los hijos hasta la
tercera y cuarta generación».

Una idea sencilla que podría cambiar radicalmente tu forma de relacionarte con Dios: un nombre

Así que Dios tiene un nombre.

Y, para que quede claro, ese nombre no es *Dios*.

Es Yahveh.

Podría parecer poco importante, meras cuestiones semánticas. Créeme, no lo es. Que Dios tenga un nombre es *mucho* más importante de lo que la mayoría de nosotros apreciamos. Yo diría que tiene el potencial de cambiar radicalmente nuestra forma de relacionarnos con Dios.

Quiero decir, *Yahveh*.

Pero primero, un poco de contexto…

En escritos antiguos como la Biblia, un nombre era mucho más que una etiqueta para reservar una cena, para inscribirte en una clase de *spinning* o presentar tus impuestos con el IRS [Internal Revenue Service, el fisco norteamericano; N.T.].

Tu nombre era tu identidad, tu destino, la verdad oculta en la médula de tus huesos. Era una palabra que reflejaba lo más verdadero sobre ti: tu esencia interior. Tu «Tom-esencia» o tu «Ruth-esencia».

Un erudito del Antiguo Testamento escribe: «En el mundo de las Escrituras hebreas, a menudo se pensaba que un nombre personal indicaba algo esencial sobre la identidad, el origen, las circunstancias del nacimiento o el propósito divino que el portador debía cumplir».[1]

Los nombres revelan la *naturaleza* de una persona.

Piensa en la historia de Abraham. Originalmente, solo se le llamaba Abram. Pero luego Yahveh le hace una promesa: «Te he confirmado como padre de muchas naciones. Te haré tan fecundo que de ti saldrán reyes y naciones».[2]

Y entonces Dios *cambia el nombre*

de Abram

a Abraham.

Ahora bien, fíjate en esto.

Abram significa «padre exaltado».

Abraham significa «padre de muchas naciones».

No es tan solo una nueva etiqueta. Es una nueva identidad, un nuevo destino.

Y no solo se trata de Abram/ham. Piensa en su hijo Isaac. Isaac significa «risa». Cuando su madre, Sara, escuchó que tendría un hijo en su vejez, le pareció tan absurdo que se echó a reír. Así que, cuando por fin dio a luz al hijo milagroso, Abraham lo llamó *Risa*.

O piensa en el hijo de Isaac, Jacob. Jacob significa «el que agarra el talón», un eufemismo para mentiroso o tramposo. Y su biografía es exactamente eso: una estafa tras otra. Incluso una historia peculiar en la que lucha con Dios y dice: «No te soltaré hasta que me bendigas».[3] Entonces Dios le *cambia el nombre* de Jacob a Israel, que significa «el que lucha con Dios». Desde ese momento, es un hombre transformado.

¿Empieza a cobrar sentido para ti? ¿Se está aclarando? Los nombres eran mucho más que etiquetas para retirar el café al final de la barra. Eran la autobiografía en una sola palabra.

Así que, el momento en el que Moisés está en el monte Sinaí, pidiendo ver la gloria de Dios, en su lugar Yahveh le indica: «Te daré a conocer mi *nombre*»,[4] es increíblemente profundo y significativo. Dios está afirmando que revelará su *identidad* a Moisés. Le permitirá conocer su esencia divina, la realidad más profunda de su ser.

Y este momento culminante de revelación no surge de la nada. Es el punto álgido de una historia larga y elaborada que ha ido ganando impulso y velocidad desde la primera página de la Biblia.

DOS: Historias

Dediquemos unos minutos a seguir esta historia a través de las Escrituras…

En la primera línea de *Génesis*, leemos: «En el principio Dios creó los cielos y la tierra».

Antes de que existieran el tiempo, el espacio, Adán y Eva, el sexo, el helado, la ciudad de Nueva York e Instagram, existía un Dios que ya *era*.

Sin embargo, a esas alturas, este misterioso Creador de todo no tiene un nombre. Más adelante en *Génesis*, el Creador se acerca a Abram. Lo llama a abandonar la adoración de los dioses mesopotámicos e ir a una nueva tierra. Cargar el camión de mudanza y dirigirse hacia el sur por la I-5, sin idea alguna del destino. Un salto de fe gigantesco.

Y Abram va.

Y se convierte en Abraham.

La relación de Abraham con el Creador es asombrosa. Tanto, que tres de las principales religiones del mundo se remontan hasta el encuentro de Abraham con Dios.[5] Pero ni siquiera él llega a saber el nombre de Dios.

Cuando Dios se le presenta a Abraham, le señala: «Yo soy el Dios Todopoderoso».[6]

En el idioma original, es: «Yo soy *El Shaddai*».

El era la palabra cananea para el rey de los dioses.

El Creador se autodenomina *El Shaddai*, que es una manera de decir: «Soy como *El*, pero *mucho más*».

En otros lugares, Dios se llama a sí mismo «*El Elyón*» (Dios Altísimo)[7] o «*El Olam*» (Dios Eterno)[8], utilizando un lenguaje que tendría sentido para Abraham y su mundo.

Por lo general, simplemente se le llama «el Dios de Abraham».

¿Qué dios?

El dios que mi padre adoraba.

¡Ah, *ese*!

Todo esto cambia cuando llegamos a Moisés. En una de las historias más conocidas de la Biblia, el Creador llama a Moisés desde una zarza en llamas bajo el abrasador calor de la península del Sinaí. Moisés era hebreo, uno de los descendientes de Abraham. Y, en este punto de la historia, los hebreos estaban en una situación terrible: esclavizados en Egipto, la superpotencia militar global de la época.

Entonces, el Creador se le presenta a Moisés de esta forma: «Yo soy el Dios de tu padre. Soy el Dios de Abraham, de Isaac y de Jacob».[9]

Fundamentalmente, «Soy el dios de tu papá».

Luego, Dios y Moisés entablan una conversación. Sí, has oído bien: *una conversación*. La primera de muchas. Dios le comunica a Moisés que ve la injusticia, la opresión de Israel. Está listo para hacer algo al respecto. Quiere que Moisés guíe a su pueblo fuera de la esclavitud.

A lo que Moisés básicamente responde: «¡Espera… ¿qué?!».

Pero después de que Dios convence a Moisés (Él puede ser bastante persuasivo), este quiere saber qué debe transmitir a los israelitas cuando le pregunten sobre este Dios. Al parecer, regresar y anunciarles: «El Dios de mi padre quiere liberarlos», no sería suficiente.

Y la pregunta de Moisés es fascinante. En hebreo, inquiere: «¿*Mah shemo?*». Y se traduce como: «¿Y cuál es el nombre de ese Dios?».[10]

Si fueras un lector hebreo antiguo, este detalle te llamaría mucho la atención. Es diferente de la forma típica en la que preguntarías el nombre de alguien. Si vivieras en un campamento de refugiados hebreo en el 1500 a.C., te acercarías a un extraño y le preguntarías: «*¿Miy shimka?*», que literalmente significa: «¿Quién es tu nombre?».[11]

Pero eso no es lo que pregunta Moisés. Él pregunta: «*¿Mah shemo?*».

Y, como todos sabemos, la diferencia entre *¿miy shimka?* y *¿mah shemo?* es legendaria.

¿Mah shemo? es más como: «¿Cuál es el significado de tu nombre?». O, «¿Cuál es la importancia de tu nombre?», o, «¿Qué te hace ser… tú?».

Moisés no está pidiendo tan solo una etiqueta como Bob, Hank o Lazer. (De hecho, conozco a un niño llamado Lazer. ¿No es genial?). Él le está preguntando al Dios Creador: «¿Quién eres tú? ¿Cómo eres? Háblame de tu carácter».

Y es entonces cuando el Creador pronuncia su nombre. Por primera vez. Nunca antes. Me imagino que el suelo tembló bajo los pies de Moisés…

«YO SOY EL QUE SOY».

En hebreo, es *ehyeh-asher-ehyeh.*

Una de las formas de traducir esta frase hebrea es «lo que sea que sea, seré». Es decir, sea lo que sea este Dios, será siempre de esa manera. Él es inmutable, estable, las 24 horas del día, los 7 días de la semana.

Así que, por ejemplo, si Dios es compasivo, *es compasivo todo el tiempo*.

Si Dios está lleno de gracia, *está lleno de gracia todo el tiempo.*

Si es lento para la ira, *es lento para la ira todo el tiempo*.

¿Alguna vez has pensado que conocías realmente bien a alguien? ¿Confiabas plenamente en esa persona? ¿Pensabas que era alguien ejemplar, y entonces recibes el correo, la llamada telefónica, el golpe en la puerta, y descubres una doble vida oculta llena de sorpresas?

En realidad, tu amigo está buscado por la policía.

En realidad, la historia que te contó es una mentira.

En realidad, tu esposo es un infiel.

Dios no es así. No hay fachada. No es «una vez que lo conozcas de verdad». Él es fiel a su carácter. Este es un Dios en el que puedes confiar.

Entonces, Dios le comunica su nombre a Moisés, y a continuación le ordena que regrese a Egipto y transmita lo siguiente a los hebreos:

—Di esto a los israelitas: «El Señor [Yahveh], el Dios de sus antepasados, el Dios de Abraham, de Isaac y de Jacob, me ha enviado a ustedes.

»Este es mi nombre eterno;
este es mi nombre
por todas las generaciones».[12]

Para aquellos de ustedes que piensan: *Espera, estoy confundido. ¿Por qué se llama Dios aquí Yahveh? Pensé que su nombre era «Yo soy el que soy»...*

Bien, quédate conmigo; esta parte que sigue es un poco técnica. Bueno, es *realmente* técnica. Pero sujétate bien, porque hay una gran recompensa si puedes sobrevivir a la siguiente página o dos...

En el hebreo antiguo, no había vocales en el lenguaje escrito. Parece una locura, pero imagina un mundo sin ordenadores o incluso sin papel y lápices. Un mundo en el que tuvieras que tallar cada letra en arcilla o piedra. En la escritura se economizaba todo el espacio posible. Y escribir sin vocales en realidad funciona bastante bien.

Imagina que escribiera: «St s n frs».

¿Puedes verlo?

Sí...

Bien hecho.

Dice: «Esta es una frase».

Así es leer el hebreo antiguo.

(Algunos de ustedes estarán pensando: *No quiero leer hebreo antiguo jamás*. Es razonable).

Esta es la razón de su importancia: en el nombre de Dios (Yahveh) las vocales no están en el texto original. En la Biblia hebrea solo se lee: «*Y-H-W-H*». Cuatro letras, eso es todo.

La academia lo llama *tetragrama*, y fue la fuente de energía empleada por el Doc Brown para el condensador de flujo.

Esta última parte es broma.

Tetragrama es un término griego que significa «palabra de cuatro letras», pero no *ese* tipo de palabra de cuatro letras.

YHWH proviene de la misma raíz que Yo soy el que soy, pero *ehyeh* está en primera persona, mientras que *Yahveh* está en tercera persona.[13] Pronúncialas ahora en voz alta y notarás la similitud.

Entonces…

Ehyeh significa «Yo soy».

Yahveh significa «Él es».

Lo que explica por qué…

Cuando Dios dice su nombre, usa *ehyeh*.

Pero cuando *nosotros* decimos el nombre de Dios, usamos *Yahveh*.

¿Tiene sentido?

Ahora bien, Yahveh es increíblemente difícil de traducir por dos motivos. Uno de ellos es que no sabemos en realidad cuáles son las vocales porque nunca se escribieron. Casi todos los eruditos hebreos piensan que Yahveh es correcto, pero, sinceramente, sigue siendo la mejor suposición.

La razón principal de esto es que, con el tiempo, los hebreos dejaron de pronunciar el nombre de Dios en voz alta. Uno de los Diez Mandamientos es: «No uses el nombre del SEÑOR tu Dios en vano».[14] Con el paso de los años, se asustaron tanto de romper este mandamiento por accidente que dejaron de pronunciar su nombre por completo.

En su lugar, lo llamaban por otros nombres. Uno popular era *hashem*, «el nombre». Pero el título más común era *adonai*, una palabra hebrea que significa «Señor». Así llamaba un siervo a su amo en el antiguo Cercano Oriente, por lo que emplearon ese título para Dios.

De ahí procede también el nombre Jehová. ¿Alguien recuerda ese nombre para Dios? Fue muy popular en los años 80.

Jehová es el resultado de colocar las vocales de *adonai* entre las consonantes de YHWH.

De este modo…

ADONAI

↓ ↓ ↓

YAHOWAH

↖ ↖ ↗ ↗

YHWV

(Nota: El hebreo es un idioma gutural, por lo que las *y* suenan como *j* y las *w* suenan como *v*, de ahí Jehová en lugar de Yahova. Ustedes los fans de Star Trek, piensen en klingon.)

¡Bien, ya *casi* dejamos atrás la parte técnica! ¡Mantente conmigo!

Debido al cambio judío a *adonai*, por lo general YHWH se traduce «El Señor». Así escriben el nombre de Dios la gran mayoría de las traducciones, y, por lo tanto, es como llama a Dios la mayor parte de los seguidores de Jesús. Lo escuchamos en oraciones, canciones, enseñanzas y libros; es ubicuo.

En mi opinión, es un movimiento peligroso que podría hacernos perder un aspecto clave de cómo nos relacionamos con Dios. ¿Por qué? Porque «El Señor» no es un nombre; es un título, como «el doctor», «el juez» o «el presidente».

Llamar a Dios «El Señor» es como si yo llamara a Tammy «la esposa». Sería *raro*. ¿Por qué? Porque tengo una relación cercana con ella, y ese no es el lenguaje de la intimidad.

La forma en la que llamas a alguien dice mucho de tu relación con él.

Para mi esposa yo soy *Amor*, pero para la recepcionista del dentista soy *Sr. Comer*.

Para mis hijos soy *Papá*, pero para el empleado de WholeFoods soy *señor*.

También soy hijo/hermano/amigo/colega/oye tú/pastor/reverendo/JM/ y, el que menos me ha gustado nunca, *¡John-O!* Cada uno de estos nombres indica algo sobre el tipo de relación que mantengo con esa persona.

El nombre de mi hermana es Elizabeth. Ella es una rubia preciosa, alta, con aire de modelo, que vive en Hollywood. Su nombre es regio y adecuado para su persona. Pero nunca la llamo Elizabeth. La llamo por su apodo de infancia: Betes. No importa cuántos años tengamos, en el fondo sigo siendo el hermano mayor gruñón. Ella *odia* el nombre Betes. Si alguna vez lee este libro, dudo que me haga un regalo de Navidad durante los próximos cinco años. Pero soy su hermano. Una ley no escrita del universo dice que tengo el derecho de llamarla por cualquier apodo que elija.

¿Por qué? Porque tengo una relación con ella. Así que no la llamo Sra. Mosser; la llamo Betes. La llamo por su *nombre*.

De la misma manera, Dios quiere que le llamen por su nombre, no por un título. ¿Recuerdas esa línea de poesía?

> Este es mi nombre eterno;
> este es mi nombre
> por todas las generaciones.[15]

Yo diría que necesitamos volver a llamar a Dios por su nombre. Creo que el cambio gradual de llamar a Dios «Yahveh» a usar el título «El Señor» dice algo sobre la condición humana. A pesar de todo lo que hablamos sobre una «relación personal con Jesús», una parte de nosotros tiene miedo de la intimidad con Dios. Vemos el fuego y el humo en la montaña, y retrocedemos aterrados.

Jesús llevó esto un paso más allá. Nos enseñó a llamar a Dios «Padre», el nombre relacional más íntimo que existe. Como expresó un poeta con gran elocuencia, Dios «espera que lo deseen».[16] Él anhela tener una relación contigo.

Ahora, volvamos a la pregunta de Moisés: ¿*Mahshemo?* ¿Cuál es el significado de tu nombre?

¿Responde Dios a la pregunta? Más o menos, pero no realmente. Moisés obtiene el nombre (Yahveh) pero no obtiene el significado ni la importancia del nombre de Dios hasta más adelante en la historia.

Unos capítulos después, Yahveh le dice a Moisés: «Yo soy Yahveh, "el Señor". Me aparecí a Abraham, a Isaac y a Jacob como El Shaddai, "Dios Todopoderoso", pero a ellos no les revelé mi nombre: Yahveh».[17]

En otras palabras, Yahveh solo mostró una parte de sí mismo a Abraham y sus hijos. Este es el *modus operandi* de Dios en las Escrituras. Él no da toda la revelación de golpe, sino en partes y fragmentos, dándole a su pueblo tiempo para absorber y tratar de resolver quién es Dios.[18]

No es hasta que Moisés se halla en la cima del monte Sinaí que obtenemos la respuesta completa a su pregunta sobre el significado y la importancia del nombre de Dios.[19] Allí, en la nube aterradora que era la gloria de Dios, leemos que «dio a conocer su *nombre*...

—El SEÑOR [Yahveh], el SEÑOR [Yahveh],

Dios compasivo y misericordioso,

lento para la ira y grande en amor y fidelidad,

que mantiene su amor hasta mil generaciones después y que perdona la maldad, la rebelión y el pecado;

pero no tendrá por inocente al culpable, sino que castiga la maldad de los padres en los hijos hasta la tercera y cuarta generación».

(Por cierto, para aquellos de ustedes que piensan: *¿Qué pasa con la última línea que habla de Dios castigando a los hijos?* Llegaremos a eso más tarde. Es muy bueno...).

Este momento de revelación en el monte Sinaí, donde aprendemos el nombre de Dios, es *el* momento en la Biblia hebrea. El resto de lo que llamamos el Antiguo Testamento es solo una historia tras otra de este Dios en acción.

TRES: Jesús

El arco narrativo de la Biblia no es para nada lineal. Se dobla, zigzaguea y adopta giros equivocados, pero al final, toda la historia conduce a un clímax dramático: la venida de Jesús.

En su biografía de Jesús, el escritor del Nuevo Testamento, Juan, hace una declaración profunda:

«Y el Verbo se hizo hombre y habitó entre nosotros. Y contemplamos su gloria, la gloria que corresponde al Hijo único del Padre, lleno de gracia y de verdad».[20]

Es difícil verlo en la traducción, pero este lenguaje proviene directamente de Éxodo 34.

Por ejemplo, la frase «habitó entre nosotros» es literalmente «levantó su tabernáculo entre nosotros». Esto hace referencia al tabernáculo que Israel instaló al pie del monte Sinaí.

¿«Gloria»? Es una referencia a la nube en la cima del monte Sinaí.

Y «de gracia y de verdad» es en realidad una lectura algo extraña de la frase hebrea traducida como «amor y fidelidad». (Hablaremos del porqué más adelante).

Normalmente, la gente lee «gracia y verdad» y habla de cómo Jesús era el equilibrio perfecto entre gracia y amabilidad, amor mezclado con verdad, fortaleza y valor para decir lo que era necesario.

Es totalmente cierto.

Pero no se trata ni remotamente del punto que Juan menciona.

Juan está sacando todo este lenguaje de *Éxodo*: «tabernáculo», «gloria», «amor» y «fidelidad», como una manera de volver a contar la historia del Sinaí alrededor de Jesús. Está señalando que, en Jesús, vemos la gloria del Dios Creador (su presencia y su belleza), como nunca antes. En Jesús, Yahveh *se convierte en un ser humano*.

Más adelante en Juan, podemos escuchar la oración de Jesús al Padre:

«A los que me diste del mundo les he revelado tu *nombre...* Yo les he dado a conocer tu nombre».[21]

Recuerda, el nombre de Dios es un símbolo de su carácter.

Eugene Peterson traduce el versículo de esta manera: «He explicado tu carácter con detalle».[22]

Me encanta.

En Jesús obtenemos una visión nueva, evocadora y completamente clara de cómo es Dios en realidad.

Los primeros cristianos captaron rápidamente la gravedad de las afirmaciones de Jesús de ser la encarnación de Dios. Para convertirse en cristiano, había una declaración, un lema, un credo que debías pronunciar en voz alta antes de poder ser bautizado:

Jesús es Señor.

Las personas *morirían* por esta declaración. Literalmente. Los cristianos fueron quemados vivos y lanzados a las fauces de bestias salvajes en la arena. Esta frase tenía un peso enorme.

¿Por qué?

Bueno, «Señor» es *kyrios* en griego. Por un lado, ese era el título que se le daba al César, lo que convertía la afirmación de Jesús de ser el Señor en sinónimo de traición. El Imperio romano ya tenía un *kyrios*.

Pero más importante aún para los judíos, esta era la palabra griega que se usaba para traducir la palabra hebrea *Yahveh*. Por tanto, al decir que Jesús es el Señor, los primeros cristianos (la mayoría de los cuales eran judíos) estaban aseverando que Jesús era *Yahveh* en carne y hueso.

Esa es una declaración atrevida sobre un maestro campesino itinerante.

Pero vemos este tipo de lenguaje directo y provocativo en todos los escritos del Nuevo Testamento. Los primeros cristianos eran *firmes* en cuanto a que Jesús es el fundamento de todo lo que creemos que es verdad respecto a Dios.

Durante años, pensé en el *Yahveh* del Antiguo Testamento como paralelo al Padre en el Nuevo Testamento. Como si Jesús fuera un recién llegado en la historia. Eso es incorrecto y peligroso. Lleva a una caricatura distorsionada, como si el Padre fuera el viejo gruñón y belicista del Antiguo Testamento, y Jesús fuera el hijo que se marchó a Berkeley y regresó con todo tipo de ideas radicales sobre la gracia, el amor y la tolerancia y, básicamente, dijera: «Vamos, papá, no matemos a todos. ¿Qué tal si yo, en vez de ello, muero por todos?».

Esta es una interpretación grotesca de la historia que cuentan las Escrituras.

Jesús es la tan esperada venida humana de Yahveh, el Dios en la cima del Sinaí.

CUATRO: Nosotros

¡Uf!…

¿Sigues por ahí? Si es así, ¡bravo! Ha sido mucho para asimilar. Ahora bien, demos un paso atrás y hablemos de las implicaciones asombrosas que tiene en la forma de relacionarnos con Dios. Sinceramente, esto me cambió la vida.

Para empezar, significa que **Dios es una persona**. Al decir «persona», no me refiero a que sea hombre, mujer o humano.[23] Me refiero a que es un ser relacional. No es una fuerza de energía impersonal ni un capítulo en un libro de teología sistemática, ni una religión mundial. Es un ser relacional que quiere *relacionarse*. Con personas como tú y como yo. Quiere conocernos y que le conozcamos.

Pero conocer a Dios no significa simplemente saber un montón de hechos *sobre* Él. Estoy por completo a favor de la teología, de hecho, es básicamente a lo que me dedico; pero Dios no es una doctrina. No es una pregunta en un examen de opción múltiple que estudias para responder del modo correcto y así «ir al cielo cuando mueras».[24] Es una persona que quiere mantener una relación contigo.

Escuchamos mucho el cliché de «una relación personal con Jesús» en la iglesia. Pero, con sinceridad, no creo que entendamos en realidad lo explosiva que es esta idea.

¿Recuerdas cómo conversaban Moisés y Dios?

Más adelante en la historia, leemos que Dios hablaba con Moisés «cara a cara, como quien habla con un amigo».[25]

¿Dios tiene amigos?

Sí.

Y Moisés y Dios se relacionan entre sí como amigos.

Luego leemos una gran historia en la que Moisés desahoga su frustración con Yahveh respecto a cómo le ha estado pidiendo que lidere a Israel, pero ese pueblo es un desastre disfuncional y él se siente completamente solo.

Entonces Dios lo tranquiliza: «Yo mismo iré contigo».

Luego Moisés le pregunta: «Dime cuáles son tus caminos. Así sabré que en verdad cuento con tu favor».

Y lo que Dios viene a decirle es: «Lo haré».

Entonces Moisés se vuelve aún más audaz y pide: «Déjame ver tu gloria».

Y Dios le responde: «Tú y yo, en la montaña mañana».[26]

No es así como esperarías que fuera una conversación entre el Creador del universo y un ser humano. Tiene una flexibilidad, una curvatura, un toma y daca.

Parecen dos amigos conversando. Casi como si Moisés y Dios estuvieran en pie de igualdad. Claro, *no lo están*, y eso es lo que lo hace tan sorprendente.

Hay otra historia en *Éxodo* en la que Israel se descontrola y empieza a adorar a otros dioses. Esto después de que Yahveh los hubiera salvado en el mar Rojo y les hubiera dado comida y agua en medio de la nada; un amor ridículo y extravagante. Y ellos lo escupen.

Como te puedes imaginar, el Dios lento para la ira acaba enojándose y le anuncia a Moisés que va a destruir a Israel y comenzar de nuevo con él, a empezar de cero, a reiniciar toda la franquicia. Dios está claramente molesto.

El teólogo Gerry Breshears señala: «Es Dios procesando sus sentimientos con un compañero humano».[27]

¿Dios procesando sus sentimientos?

Me encanta.

Este no es el Dios que se encuentra en la energía del universo o en el capítulo 3 del libro de teología sistemática con el que muchos de nosotros crecimos. Es una persona. Una persona con *sentimientos*. Yahveh está enojado (y es comprensible) y toma la decisión de borrar a Israel del mapa.

¿Y qué pasa?

Moisés lo convence de no hacerlo.

Básicamente le explica a Yahveh: «Si haces esto, todas las demás naciones hablarán mal de ti. Hiciste la promesa de guiar a tu pueblo a través del desierto. Tu *nombre* está en juego».

Luego leemos que Yahveh «se calmó y desistió de hacerle a su pueblo el daño que había sentenciado».[28]

La palabra *desistió* es *naham* en hebreo. Se puede traducir como que Yahveh «cambió de opinión», o incluso «se arrepintió».

¿Yahveh *naham*?

¿Cambió de opinión?

¿Se arrepintió?

Eso es lo que dice.

Ahora, eso no significa que Dios estuviera en pecado o haciendo algo malo. La palabra *naham* conlleva la idea de arrepentimiento o remordimiento por una decisión. La idea no es que Dios estuviera equivocado en absoluto; es que Dios se sintió conmovido emocionalmente; lamentó su decisión de juzgar a Israel con tanta dureza, así que cambió su enfoque.

Todo esto nos conduce a una visión de un Dios que *responde*. Que está abierto a nuestras ideas, dinámico, que se implica en nuestras vidas, pero que no «controla» de manera automatizada, como si lo que va a pasar ocurriera con o sin Él.

Dios es más un amigo que una fórmula.

La mayoría de las religiones (incluida gran parte de la popular «religión cristiana») consiste en descifrar la fórmula para obtener de Dios la vida que queremos.

Normalmente, la fórmula es algo parecido a esto:

Moralidad + cosas religiosas – pecado = bendición de Dios.

Por ejemplo…

Leer la Biblia + ir a la iglesia – mantener sexo con mi novia = bendición de Dios.

Como si Dios fuera un algoritmo para un programa de software de computadora al que solo tuviéramos que ponerle los números correctos y *¡boom!*, sale nuestra vida soñada.

Pero Dios no funciona así. Si lo tratas como una fórmula, solo acabarás molesto y confundido. Con Él, las matemáticas rara vez cuadran. Dios es mucho más interactivo e interesante.

Pero dicho esto, existe un patrón visible a lo largo de la Biblia:

«Si tú _____, entonces yo _____».

Por ejemplo…

«Si anuncio que voy a desarraigar, a derribar y a destruir a cierta nación o a cierto reino, *pero luego esa nación renuncia a sus malos caminos, no la destruiré como lo había planeado*. Y si anuncio que plantaré y edificaré a cierta nación o a cierto reino, *pero después esa nación hace lo malo y se niega a obedecerme, no la bendeciré como dije que lo haría*».[29]

¿Ves el patrón? ¿El si/entonces?

Nota lo *interactivo* que es esto. Hay una relación de ida y vuelta que pocos de nosotros hemos llegado a comprender realmente.

Hablamos, y Dios habla.

Actuamos, y Dios actúa.

Oramos, y Dios responde, aunque no siempre de la manera que queremos.

Le pedimos a Dios que muestre misericordia, y Él *naham*.

No es una fórmula. No siempre ocurre de este modo. Pero es una manera de estar en relación con Dios.

Yahveh no es el «motor inmóvil» de Aristóteles; es el Dios relacional y dinámico de Abraham, Isaac y Jacob. El Dios que *responde*. Que puede ser *conmovido*, influenciado, que puede cambiar de opinión en un abrir y cerrar de ojos. Y esto no es una visión *inferior* de Dios; es una visión muy *superior*. El teólogo Karl Barth lo denominó la «mutabilidad santa de Dios».[30] Él sería menos Dios si no pudiera cambiar sus intenciones cuando lo desee, o estar abierto a nuevas ideas de seres inteligentes y creativos con los que se relaciona.[31]

Es tan simple, tan fácil de entender, pero *casi ninguno de nosotros interactúa así con Dios.* Leemos una historia de Moisés en la que consigue que Dios cambie de opinión, y resulta sorprendente por lo lejos que está de nuestra propia experiencia. La mayoría lo explica de este modo: «Bueno, *en realidad* no significa que Dios haya cambiado de opinión», porque eso es, sencillamente, demasiado complicado de asimilar.

Tal vez porque parece irreverente. Estoy de acuerdo. Sí *parece* un poco irreverente. Hay oraciones en las Escrituras, en los libros que Moisés escribió y especialmente en los *Salmos*, donde me estremezco, medio esperando que un rayo caiga sobre la persona y la mate. Pero no ocurre. De hecho, parece que a Dios le encanta ese tipo de oración cruda y sin adornos, rozando la línea entre la blasfemia y la fe desesperada. Él no tiene tanto miedo de la honestidad como nosotros.

Tal vez porque nuestro sistema teológico es tajante al afirmar que *Dios es soberano*, que *tiene el control* y *que todo lo que sucede es su voluntad*, como si hubiera algún plano invisible tras cada acontecimiento en nuestra vida, bueno o malo; un guion secreto que vivimos, y no nos atrevemos a pedirle a Dios que se desvíe de él.[32]

Hablaremos más sobre esto en el siguiente capítulo, pero creo profundamente que esta forma de pensar en cuanto a la participación de Dios en nuestra vida está demasiado lejos de lo que enseñan las Escrituras. El futuro no está escrito en piedra. Las oraciones que pronunciamos y las decisiones que tomamos aquí y ahora tienen un efecto directo y claro en lo que sucede o no después.

Porque Dios *responde*.

Pero a menudo leemos estas historias sobre Moisés, David, Jesús y Pablo y pensamos:

Eso fue para ellos, no para mí.

Como si el propósito de la Biblia fuera contarnos cómo *otras* personas se relacionan con Dios.

Pero Jesús vino, vivió, murió y resucitó para poner a disposición de *todos* el tipo de relación que Él y Moisés tenían con Yahveh.

Justo antes de su muerte, Jesús oró al Padre: «Yo les he dado a conocer tu nombre y seguiré haciéndolo, *para que el amor con que me has amado esté en ellos y yo mismo esté en ellos*».[33]

Esta es la agenda de Jesús para sus seguidores, que tú y yo *conozcamos* a Yahveh como Él lo hizo. Y que nos unamos a Moisés y a los personajes de la Biblia en la amistad con Dios.

Piensa en cómo esto podría reconfigurar tu manera de orar.

Muchos se sienten culpables porque no disfrutan de la oración. Algunas personas le temen. Otras simplemente oran porque saben que es lo correcto. La mayoría de nosotros la evitamos.

Es porque la mayoría no *oramos* en realidad.

La oración es lo que Moisés llevó a cabo con Dios en la tienda. Lo que Jesús hizo con el Padre en Getsemaní. Es brutalmente sincera, desnuda y vulnerable. Es cuando expresas tus deseos más profundos, tus miedos, tus esperanzas y tus sueños sin inhibición alguna. Es cuando hablas con Dios con el botón de edición *apagado* y te sientes seguro, escuchado y amado. Es el tipo de intercambio relacional del que nunca te cansas.

Y nuestras oraciones marcan una diferencia. La mayoría de nosotros no creemos verdaderamente que la oración cambie la realidad. Pero lo hace.

El filósofo Dallas Willard escribió: «La "respuesta" de Dios a nuestras oraciones no es una farsa. Él no finge que está respondiendo a nuestra oración cuando solo está realizando lo que de todos modos iba a hacer. Nuestras peticiones marcan de verdad una diferencia en lo que Dios hace o deja de hacer. La idea de que todo sucedería exactamente como sucede, al margen de que oremos o no, es un espectro que atormenta la mente de muchos que profesan sinceramente creer en Dios. Esto hace que la oración sea psicológicamente imposible, sustituyéndola por un ritual muerto, en el mejor de los casos. Y, por supuesto, Dios no responde a esto. Tú tampoco lo harías».[34]

La oración puede mover la mano de Dios. La oración puede hacer que Dios cambie de opinión; piensa en la gravedad de eso.

La oración es cuando la trayectoria de tu vida va en la dirección equivocada, así que dialogas con Dios y Él *responde*, y tu vida toma *otro* rumbo.

Iba a pasar esto, pero ya no.

No iba a ocurrir esto otro, pero ahora *sí*.

Porque acabo de tener una conversación con Dios.

Como escribió Santiago: «La oración del justo es poderosa y eficaz».[35]

Ahora bien, hay mucho misterio aquí, muchas preguntas sin respuesta. ¿Cómo interactúa exactamente la voluntad de Dios con nuestra voluntad? El clásico debate de «soberanía contra libre albedrío». ¿Honestamente? No lo sé.

Pero estoy seguro de esto: la oración no es solo algo rutinario. Tiene resultado. Nuestras oraciones tienen el potencial de alterar el curso de la historia. Y la acción de Dios *en* la historia está, de algún modo extraño, condicionada por nuestras oraciones.

Mi amigo Skye Jethani cita la frase del filósofo Blaise Pascal: «Dios ha instituido la oración para conferir a sus criaturas la dignidad de ser causas» y la interpreta así:

«No somos meras piezas pasivas en un drama cósmico preestablecido, sino participantes activos con Dios en la escritura, dirección, diseño y acción que se despliega. La oración es, por tanto, mucho más que pedirle a Dios este o aquel resultado. Es entrar en comunión con Él y, allí, adoptar nuestro rol privilegiado como pueblo suyo. En la oración se nos invita a unirnos a Él en la dirección del curso de su mundo».[36]

¡Oye! ¡Eso es buenísimo!

«En la oración se nos llama a unirnos a Él en la dirección del curso de su mundo».

Desde el principio de la historia humana, Dios, el Creador de *todo*, ha estado buscando amigos, socios libres, inteligentes y creativos con los que colaborar en el manejo del mundo.

Eso es la oración.

Si esta visión de la oración te pone nervioso, si está demasiado cerca del filo, si en este momento estás pensando: *¿Quién soy* yo *para acercarme a Dios así?*, recuerda que cuando te acercas a Dios, lo haces en el nombre de Jesús.

Supongo que estás familiarizado con ese cliché, «en el nombre de Jesús», ¿verdad? Para aclarar, nunca se supuso que fuera una frase al final de una oración para conseguir lo que queremos. Orar en el nombre de Jesús significa dos cosas.

Primero, significa orar en línea con su carácter, orar por las cosas que Él quiere ver suceder en el mundo.

Si oras por un nuevo Range Rover o unas vacaciones soñadas en Hawái, tal vez lo consigas, pero lo más probable es que Dios no te lo dé.

Si oras por sanidad, justicia, valor para defender tu fe en el suelo corrosivo del secularismo occidental, por las cosas que preocupan a Jesús... Bueno, mantén los ojos abiertos.

Pero, en segundo lugar, y más importante, orar en el nombre de Jesús significa que, cuando oramos, tenemos el mismo acceso a Dios que tiene Jesús.

Un erudito del Nuevo Testamento lo expresó de este modo: «Orar en el nombre de Jesús…significa que entramos en el estatus de Jesús ante el favor de Dios, e invocamos la posición de Jesús con Dios».[37]

Así que para los que piensan: *No puedo interactuar así con Dios, con reciprocidad, como con un amigo o compañero de trabajo, ayudándole a construir su mundo. Yo no soy Moisés, ¡y desde luego no soy Jesús!*, es cierto, ya somos dos. Pero si eres seguidor de Jesús, cuando te presentas delante de Dios lo haces *en el nombre de Jesús.* Invocas su estatus con Dios. No te presentas como un mendigo de la calle, sino como un hijo o hija real del Padre.

Y a quien encuentras esperándote es a Yahveh, la *persona* que quiere *relacionarse* contigo.

Y ni siquiera tienes que subir a una montaña. Todo cuanto has de hacer es abrir tus labios.

Capítulo 2

«El Señor [Yahveh], **el Señor [Yahveh]**, Dios compasivo y misericordioso, lento para la ira y grande en amor y fidelidad, que mantiene su amor hasta mil generaciones después y que perdona la maldad, la rebelión y el pecado; pero no tendrá por inocente al culpable, sino que castiga la maldad de los padres en los hijos hasta la tercera y cuarta generación».

Para empezar, ¿por qué necesita Dios un nombre? Dios y los «dioses»

¿Has estado alguna vez en la India?

Si no has ido, de verdad deberías hacerlo; es impresionante.

Fui hace unos años, y ahora veo el mundo de manera diferente. Es como si mis ojos se abrieran a lo que siempre ha estado ahí.

La India es un lugar único. Es hermosa en todos los sentidos. La gente, la cultura, el paisaje; es colorida, multisensorial, vibrante, exótica y extraña, y hay *tantas personas*.

Pero para mí, lo más fascinante es la atmósfera cargada de espiritualidad.

Literalmente hay millones de dioses en el panteón hindú, así que dondequiera que mires, hay templos, santuarios, ídolos y sacerdotes con túnicas de color ocre rezando, incienso humeante y animales que se sacrifican a Shiva, Vishnu o alguno de los «dioses».[1]

Estaba allí visitando un orfanato fundado por una pareja de nuestra iglesia. Lo llaman Happy Home for the Handicapped [Hogar feliz para los discapacitados]. En el sistema hindú de castas, si un niño nace con una discapacidad o una deformidad, creen que eres *dalit*, uno de los intocables o parias. Es tu karma, o tu castigo por los pecados de una vida pasada.[2] En algunos círculos se considera a los *dalits* como subhumanos, que están ahí para sufrir por sus errores pasados y hacer todos los trabajos que nadie más quiere realizar; sin esperanza, salvo morir y renacer en una casta superior y una vida mejor. Algunos padres literalmente abandonan a sus recién nacidos discapacitados junto a la carretera y se van.[3]

Happy Home es un lugar solo para niños de ese tipo, desamparados, tirados, abandonados a la muerte.

Para ser sincero, yo temía verlo en persona. Tanto dolor y sufrimiento en una sola habitación me ponía nervioso. Esperaba que fuera un lugar triste, solitario y perturbador; niños sin brazos, chicos inválidos, chicas ciegas. Todos viviendo en la pobreza, sin padres ni familia. Pero he aquí la impactante realidad: lo que más destaca de Happy Home es que es *feliz*. Y por feliz quiero decir que vibra de alegría. Dondequiera que mires, ves dientes blancos y brillantes abriéndose sobre piel oscura, sonrisas tan grandes como el horizonte, risas imparables; y todo eso opaca por completo el dolor, el sufrimiento y el «esto no debería ser así» de un orfanato.[4]

Entrar en Happy Home es como entrar a una fiesta de cumpleaños interminable. Una celebración. Estoy sumamente seguro de que es el tipo de cosa que Jesús tenía en mente cuando pronunció: «El reino de Dios está cerca».[5]

Pero luego sales y ves a personas que sacrifican pollos a Shiva en la esquina de la calle y sangre de cabra revolviéndose en la zanja al lado de la carretera, mientras un sacerdote canta una oración a su deidad elegida.

Y lo *sientes*; la energía, la electricidad en el aire, la espiritualidad.

Lo más loco (al menos para un occidental como yo) es que no parece falso, un fraude, una farsa o una superstición primitiva que algún día «estos no occidentales superarán».

Parece *real*.

Cuando pasas por delante de un ídolo o de un templo, es como si... *hubiera algo allí*.

¿Alguna vez has tenido ese tipo de experiencia? ¿En un templo, en un estudio de yoga o en el parque cerca de tu casa, donde algo espiritual sucede y tu cerebro occidental y secular trata de explicarlo como tonterías, pero simplemente no puedes deshacerte de esa molesta sensación de que hay algo en ello?

¿Qué *es*?

De eso trata este capítulo.

Ahora, resumamos: el plan de este libro es repasar Éxodo 34:6-7 *línea por línea*, porque posiblemente sea el pasaje más citado *en* la Biblia, *por* la propia Biblia.

El capítulo anterior hablaba de cómo Dios es Yahveh.

Este capítulo trata sobre cómo Dios es (*un momento…*) Yahveh.

Piensa de nuevo en la primera línea: «Yahveh, Yahveh, el Dios compasivo y misericordioso…».

Fíjate en que Yahveh repite su nombre.

¿Por qué?

En el mundo moderno, si estás escribiendo un libro, una entrada de blog o un correo electrónico y quieres enfatizar un punto, lo pones en *cursiva*, <u>subrayado</u>, en **negritas** o EN MAYÚSCULAS. Pero en el mundo antiguo, si realmente querías resaltar un punto, lo repetías.

Quiero decir, si de verdad querías que todos captaran un punto, lo decías *de nuevo*.

¿Ves lo que acabo de hacer ahí?

Cuando Yahveh pronuncia su nombre, no una, sino *dos veces*, es su manera de decirnos que nos detengamos y pensemos en su nombre en profundidad.[6]

Así que hagámoslo…

En el capítulo anterior aprendimos:

Que el nombre de Dios no es *Dios*.

Que el nombre de Dios es *Yahveh*.

Pero esto plantea una pregunta provocadora y perturbadora: en primer lugar, ¿por qué necesita Dios un nombre?

¿Qué le pasa a *Dios*?

De hecho, ¿por qué a Dios rara vez se le llama «Dios» en las Escrituras?[7] ¿Por qué, en general, se le llama «Yahveh» o «Yahveh Dios»?

Respuesta corta (y agárrate, esto puede golpearte como un tren de carga): porque hay *muchos* «dioses».

Tenemos mucho terreno que cubrir, así que abróchate el cinturón. Allá vamos…

DOS: Historias

Ya que me estoy repitiendo, piensa en la primera línea de la Biblia: «En el principio, Dios creó los cielos y la tierra». En hebreo, la palabra *Dios* es *elohim*. Como mencioné antes, no es un nombre; es una categoría. Se usa para el Creador del universo, pero aquí está el detalle: también se usa para todo tipo de *otros* seres espirituales.

Un *elohim* es una criatura espiritual invisible, pero real.[8]

Y desde el principio, desde la primera línea de la historia, sabemos que hay un *elohim* que lo hizo *todo*. El sol, la luna, las estrellas, las pecas que te salen en la nariz a finales de julio; Él hizo *todo* eso.

Esta era una afirmación asombrosa en el 2000 a.C.[9] Comoquiera que leas el Génesis 1, esto es claro: la historia se plantea en el contexto de otros mitos antiguos de la creación, como el *Enuma Elish* babilónico. Cada uno tiene pequeñas diferencias, pero básicamente todos afirman que el universo fue creado como resultado de un gran conflicto cósmico entre los «dioses».

En el *Enuma Elish*, el «dios» Marduk lidera una épica batalla contra Tiamat y su ejército de monstruos. La mata y crea el planeta Tierra a partir de su cadáver.

Esto explica por qué a veces te mareas.

Por más loco que suene para los oídos modernos, así era como las personas inteligentes y pensantes trataban de entender el mundo.

Pero la Biblia afirma algo radicalmente fuera de lugar para su época. Asevera que hay *un solo Dios Creador verdadero* que lo creó *todo*. Y el mundo no nació de un conflicto, de una guerra o de peleas por celos, sino del desbordamiento de su creatividad y amor.

Así que está Dios, el Creador no creado de todo. Un ser sin paralelo en el universo.

Y luego están los «dioses», seres espirituales creados, invisibles pero reales.

Quienquiera que sean estos otros *elohim*, ni siquiera están en la misma categoría. Pero eso no significa que estos otros «dioses» sean una farsa…

En el segundo libro de la Biblia, *Éxodo*, leemos cómo Yahveh salva a Israel de la esclavitud en Egipto. En Éxodo 12 encontramos una línea donde Yahveh indica: «ejecutaré mi sentencia contra todos los dioses de Egipto».[10]

La mayoría de ustedes conoce la historia de las diez plagas, pero tal vez no sepan que muchas de ellas van dirigidas a una deidad egipcia específica.[11]

Por ejemplo, Amon-Ra era el dios del sol en el panteón egipcio. También era el rey sobre todos los demás dioses egipcios preferidos.

¿Y qué hace Yahveh?

Apaga el sol.

Durante tres días, todo está completamente oscuro. Esta es la versión de «desafiar el poder» por parte de Yahveh. Es su manera de afirmar: «Amon-Ra no es el rey sobre los dioses; *Yo lo soy*».[12]

Así que la relación de Yahveh con estos otros aspirantes a «dioses» es hostil. No exageramos al afirmar que está en guerra con ellos. De hecho, este lenguaje bélico se usa en toda la Escritura hebrea.

Cuando Israel por fin sale del látigo egipcio, leemos que Yahveh ejecutó su «sentencia contra todos los dioses de Egipto».[13]

Como lo expresó un observador de primera mano: «Ahora sé que el Señor [Yahveh] es más grande que todos los dioses, por lo que hizo a quienes trataron a Israel con arrogancia».[14]

Fíjate: todos los dioses.

¿Y cuál es la respuesta de Israel cuando Yahveh los salva de Egipto y su panteón? La adoración.

Inmediatamente leemos una canción de alabanza:

> ¿Quién, Señor [Yahveh],
> se te compara entre los dioses?
> ¿Quién se te compara
> en grandeza y santidad?
> Tú, Hacedor de maravillas
> nos impresionas con tus portentos.[15]

Así que, al hallarse Yahveh en una categoría completamente aparte, y al haber salvado a Israel de la esclavitud, Él es el único *elohim* digno de adoración.

Piensa en todo el lenguaje de los *Salmos*, las canciones de adoración del antiguo Israel.[16] Escucha esto del Salmo 86:

> No hay, Señor [Yahveh], *entre los dioses* otro como tú
> ni hay obras semejantes a las tuyas.

O esto del Salmo 96:

> ¡Grande es el Señor [Yahveh] y digno de alabanza,
> más temible que *todos los dioses*!

O este es alocado, el Salmo 97:

> ¡Póstrense ante él *todos los dioses*!...
> Porque tú, Señor [Yahveh], eres el Altísimo:
> ¡estás por encima de toda la tierra
> y muy por encima de todos los dioses!

Así que incluso los «dioses» deben adorar a Yahveh. ¿Por qué? Porque Él es el «Altísimo». Este lenguaje de alusión a Yahveh como el Altísimo significa que, en la jerarquía de los «dioses», Él está en la cima, en su propia categoría.

¿Te está dando vueltas la cabeza? Apenas acabo de comenzar.

Piensa en los Diez Mandamientos. ¿Cuál es el primero?

«No tendrás otros dioses delante de mí».[17]

La mayoría de las personas pasan por alto este mandamiento porque *dan por sentado* que no hay otros dioses. ¿Verdad? Todos son inventados, una fantasía de la imaginación de Israel. Y eso podría ser cierto.[18] Pero presta mucha atención: *no dice eso*. De hecho, parece dar por sentado que *sí* hay otros dioses y que no debemos adorarlos. Nunca.

A continuación, el segundo mandamiento es: «No te hagas ninguna imagen [o ídolo]… No te postres delante de ellos ni los adores. Yo, el Señor [Yahveh] tu Dios, soy un Dios celoso».

Así que, hay un mandamiento sobre los «dioses».

Luego hay un mandamiento sobre los ídolos.

E Israel debe mantenerse alejado de *ambos*.

La mayoría de las personas agrupan los primeros dos mandamientos en uno solo y juntan «dioses» e ídolos. Lo entiendo: los ídolos y los «dioses» están vinculados en una relación simbiótica, pero *no* son lo mismo.

Ya definimos lo que es un «dios», una criatura espiritual invisible pero real.

Un ídolo, en cambio, es una estatua muerta, nada más. Una talla de madera, de piedra o de metal. Es inanimado. Tallado a mano por un artesano que necesita algo de dinero o por un sacerdote que necesita trabajo. Es un tótem, una representación de algo *más*.

Por sí mismo, un ídolo no puede hacer nada; es un pedazo de roca. Pero los *elohim* que a veces *acechan detrás* o que son *representados por* el ídolo, infundiéndole poder, bueno, ellos sí pueden. Algunos de ellos son en realidad bastante poderosos. Es entonces cuando un ídolo se vuelve peligroso, cuando se convierte en una puerta de acceso a un ser espiritual real.

Recuerda la historia de Moisés en la sala del trono de Faraón. Para mostrar que realmente viene de Yahveh, Moisés hace milagros.[19]

Primero convierte su vara en una serpiente.

Pero ¿qué sucede después? Los magos de Faraón hacen *lo mismo*.

De verdad, estoy *impaciente* por ver que esto salga en Netflix...

Después, Moisés convierte el río Nilo en sangre; y los magos de Faraón hacen lo mismo.

Luego, Moisés hace que salgan ranas del Nilo y cubran todo Egipto, y los magos de Faraón invocan las artes oscuras y copian su milagro.

¿Alguna vez has leído esta historia y te has preguntado: «¿Cómo lo hacen? ¿Magia? ¿Trucos de manos?». Nada de eso. Son sacerdotes, conectados con los «dioses» de Egipto. Sintonizados con el poder de estas criaturas espirituales malévolas.

Finalmente, Moisés convierte el polvo en mosquitos, y los magos se quedan sin poder hacer lo mismo.

Aparentemente, los mosquitos son un problema…

Mi punto es que estos otros *elohim* tienen cierto poder, incluso para hacer milagros. Pero una y otra vez, Yahveh advierte a su pueblo: *Jamás* los adoren.

En Deuteronomio 6 leemos la gran Shemá, la oración más legendaria de la tradición hebrea: «Escucha, Israel: El SEÑOR [Yahveh] nuestro Dios es el único SEÑOR [Yahveh]. Ama al Señor tu Dios con todo tu corazón, con toda tu alma y con todas tus fuerzas».[20]

Este texto tiene muchas capas de significado, pero parece que el principal es que Yahveh es el único y verdadero Dios Creador, por encima de todos los demás, y que solo a Él se le debe amar.

Si conoces la trágica historia de Israel, sabrás que esta advertencia cae en oídos sordos. Una y otra vez, Israel va tras los «dioses» de las naciones.

Y si aún estás pensando: *Sí, pero estos otros dioses no son reales, ¿verdad?*, quédate conmigo un poco más para ver algunos ejemplos…

En el libro de *1 Reyes*, leemos sobre el auge de Israel bajo el rey Salomón. Todo va increíblemente bien hasta el comienzo del capítulo 11.

«Ahora bien, además de casarse con la hija del faraón, el rey Salomón amó a muchas mujeres moabitas, amonitas, edomitas, sidonias e hititas, todas ellas mujeres extranjeras que procedían de naciones de las cuales el Señor [Yahveh] había dicho a los israelitas: "No se unan a ellas ni ellas a ustedes [¡fíjate por qué!], porque de seguro les desviarán el corazón para que sigan a otros dioses"... En efecto, cuando Salomón llegó a viejo, sus mujeres *le pervirtieron el corazón de modo que él siguió a otros dioses* y no siempre fue fiel al Señor [Yahveh] su Dios».[21]

Así que mira lo que ocurre...

«Salomón siguió a Astarté, diosa de los sidonios, y a Moloc, el detestable dios de los amonitas...Salomón edificó un altar pagano para Quemós, el detestable dios de Moab, y otro para Moloc, el despreciable dios de los amonitas. Lo mismo hizo en favor de sus mujeres extranjeras, para que estas pudieran quemar incienso y ofrecer sacrificios a sus dioses».[22]

Observa que el escritor enumera varios «dioses» antiguos, pero en ningún momento el texto señala que fueran «dioses falsos», es decir, que no existieran, que fueran una farsa o un timo para una era supersticiosa. En su lugar, el texto menciona a los «dioses» por su nombre.

Astarté es la diosa de Sidón (Líbano, según un mapa actual).

Moloc es el dios de Amón (el mismo lugar que la actual Ammán, Jordania).

Quemós gobernaba Moab (otra parte de Jordania).

Estos son «dioses» con poder y autoridad sobre *regiones geográficas* y *grupos étnicos*, o lo que hoy llamaríamos naciones.

Vemos esta idea de poderes espirituales sobre las naciones a lo largo de toda la Biblia hebrea. En el libro de Daniel hay una historia increíble sobre las oraciones del profeta que no reciben respuesta durante tres semanas. Finalmente, un ángel acude a él de parte de Yahveh y le indica que se retrasó porque «durante veintiún días el príncipe del reino de Persia se [le] opuso».[23] El «príncipe» aquí es algún tipo de ser espiritual detrás del Imperio persa. Luego, al irse, el ángel le comunica que también tiene que pelear contra un «príncipe de Grecia».[24]

¿Entonces hay un príncipe de Persia?

¿Y otro para Grecia?

¿Existen «dioses», demonios, o como quieras llamar a estos seres espirituales que ejercen autoridad sobre *personas* y *lugares*? ¿Sobre naciones enteras?

No me malinterpretes. *No* estoy sugiriendo que Estados Unidos sea una «nación cristiana» y que India o Jordania *no lo sean*.

Lo único que estoy afirmando es que parece haber seres espirituales con cierta medida de poder y autoridad sobre áreas geográficas y grupos de personas.

Déjame explicar lo que quiero decir…

Como padre, me aterroriza el reciente aumento de tiroteos escolares. Tengo tres hijos en nuestra escuela primaria local, y la idea de que ese tipo de caos y carnicería lleguen a mi vecindario me pone los pelos de punta. Sin embargo, hace poco me enteré de que dos de los peores tiroteos masivos en la historia de Estados Unidos ocurrieron a tan solo unos kilómetros el uno del otro en Colorado: primero, en la escuela secundaria Columbine en 1999, donde dos estudiantes mataron a trece personas; y luego, en la masacre de Aurora en 2012, donde una ráfaga de balas de un tirador en un cine que proyectaba *The Dark Knight Rises* [El caballero oscuro: La leyenda renace] dejó doce muertos y cincuenta y nueve heridos. Para rematar, otros cuatro tiroteos han ocurrido en la misma región, desde Colorado Springs hasta Denver.[25]

¿Coincidencia?

Probablemente.

Tal vez solo se trate de videojuegos violentos y leyes laxas de control de armas, o algo raro sobre Colorado.

Pero *tal vez* (y esto es pura especulación) hay un ser espiritual en esa zona, y es malévolo, violento y cruel, con una extraña influencia y poder sobre ciertas personas desesperadas, y cada pocos años vemos su trabajo en las noticias.

Probablemente no.

Lo dudo.

Pero ¿podría ser?

Aunque fuera una teoría falaz, sí sé que hay áreas en mi propia ciudad en las que existe una sombra oscura y opresiva; hay algo *ahí*. Lo sientes cuando pasas junto a una casa, caminas por un parque o entras a una tienda. Tienes la sensación de que *no estás solo*, y lo que sea que haya allí contigo no es bueno.

Uno de los pasajes más perturbadores de toda la Biblia para mí es el Salmo 82:

> Dios preside el consejo celestial;
>   entre los «dioses» dicta sentencia.

Este es uno de los varios lugares en la Biblia que menciona una colección de seres divinos sobre la tierra.[26] La NVI traduce el hebreo como «el consejo celestial», pero otras traducciones lo tienen como «la asamblea divina».[27] El consejo celestial es una imagen bien conocida del mundo antiguo.[28] Es una manera de visualizar el cielo como un salón del trono del antiguo Cercano Oriente. Yahveh, el rey, está allí, rodeado de otros seres espirituales.

Un erudito hebreo lo expresa de esta manera: «Se suele representar el funcionamiento del reino celestial según líneas similares a una corte real del antiguo Cercano Oriente, con el monarca rodeado de consejeros y enviados que lo asesoran y cumplen su voluntad».[29]

Puedes ver la versión pagana del consejo celestial en ese terrible género de películas que mezcla la mitología griega con música de rock y efectos especiales baratos. Vi una recientemente donde Liam Neeson interpretaba a Zeus, el rey de los dioses, en el consejo divino, mirando hacia la tierra desde los cielos. Normalmente me gusta el Sr. Neeson, pero todos tienen puntos bajos en su carrera…

Y si estás pensando: *Espera, ¿eso está en la Biblia?*

Algo así.

La diferencia entre la mitología antigua (considera a Liam Neeson como Zeus) y la teología hebrea es que, en la Biblia, Yahveh «emite juicio»: Él está por encima de todos los demás presuntos «dioses».

El lenguaje en el poema es fascinante: «Dios… entre los "dioses"».

O en hebreo:

«*Elohim…* entre los *elohim*».

Luego, la siguiente estrofa levanta el telón para mostrar el funcionamiento interno del universo. Recuerda, este es Yahveh que habla a los «dioses»…

> ¿Hasta cuándo juzgarán injustamente
> y favorecerán a los malvados?
> Defiendan la causa del débil y del huérfano;
> háganles justicia al pobre y al oprimido.
> Salven al débil y al necesitado;
> líbrenlos de la mano de los malvados.[30]

Observa lo que los «dioses» están haciendo: ¡injusticia![31] Están causando estragos por toda la tierra, empujando a los pobres, los débiles, los jóvenes y los vulnerables hacia la tumba. Y Yahveh grita: «¡Basta! Se acabó. No más violencia, asesinato, genocidio, violación, abuso, desastres "naturales", hambrunas, sequías, enfermedades y muerte».

¡Deténganse!

El salmo termina así:

> Yo les he dicho: «Ustedes son dioses;
> todos ustedes son hijos del Altísimo».
> Pero morirán como cualquier mortal;
> caerán como cualquier otro gobernante.[32]

O en el lenguaje de hoy, *ustedes van a caer*.

Y la última línea es una oración:

> Levántate, oh Dios, y juzga a la tierra,
> pues tuyas son todas las naciones.

Vaya, eso es mucho para asimilar.

Demos un paso atrás y pongamos todas las piezas juntas: los escritores de la Biblia están señalando el mismo punto básico…

Hay un solo Dios Creador verdadero que hizo el universo y todo lo que hay en él. No tiene igual ni paralelo.

Pero también hay una multiplicidad de otros «dioses» aspirantes, seres espirituales invisibles, pero reales. Un erudito que me encanta los llama «dioses con "d" minúscula».[33]

En *The Message*, Eugene Peterson traduce Yahveh como «Dios» en letras capitales.

Entonces, está Dios.

Y luego están los «dioses».

No estoy diciendo que la mitología griega sea verdadera o que la *Odisea* de Homero sea históricamente precisa. Sin duda, muchos de los «dioses» sobre los que leemos eran solo proyecciones de las imaginaciones antiguas. Y desde luego muchas de las ideas antiguas sobre los «dioses» estaban totalmente fuera de lugar.

Pero eso no significa que todos sean inventados.

Si este lenguaje de los «dioses» te incomoda, te pido disculpas. Más o menos. *Es* bíblico, aunque te ponga nervioso. Pero lo entiendo: incluso los redactores de las Escrituras posteriores se sienten incómodos con ello. Cuando llegamos a Isaías (uno de los últimos escritos antes del tiempo de Jesús) leemos declaraciones casi contradictorias como: «Yo soy el Señor [Yahveh] y no hay otro; *fuera de mí no hay ningún Dios*».[34] Ahora, en su contexto, esto es hipérbole y poesía, no un ensayo académico sobre la diferencia entre Yahveh y los demás seres espirituales. La idea del profeta es que la brecha entre Yahveh y los otros «dioses» es tan abismal, tan insalvable, que estos otros seres ni siquiera merecen el título de «dioses».[35]

Este es un gran ejemplo de cómo necesitamos darle un poco de espacio a la biblioteca que es la Escritura, permitiendo diversidad, tensión y puntos contrapuestos de los diversos escritores.

En el Nuevo Testamento, tienes a Pablo en su carta a los Corintios buscando la manera correcta de expresarse: «Aunque haya los así llamados dioses, en el cielo o en la tierra (y por cierto que hay muchos "dioses" y muchos "señores"), para nosotros no hay más que un solo Dios, el Padre, de quien todo procede y para el cual vivimos».[36]

¿Ves la tensión? ¿La paradoja? ¿La dificultad con el lenguaje? No somos los primeros en atorarnos con esto.

Así que, si no te gusta llamar a estos seres espirituales «dioses», está bien. Seguro que Isaías te daría una palmadita en la espalda, y dudo que Pablo te regañara.

La mayoría de la gente en el mundo moderno simplemente los llama ángeles o demonios. Y está bien, pero hay algunas razones por las que yo prefiero alejarme de ese lenguaje. Una, apenas se usa en el Antiguo Testamento. La palabra *demonio* solo se utiliza dos veces.[37] Además, estas dos palabras (*ángeles* y *demonios*) traen consigo un montón de carga cultural.

Pensamos en los ángeles como supermodelos suecos rubios con alas de tres metros.

Para aclararlo, todos los ángeles que se mencionan en las Escrituras son masculinos; no tienen alas;[38] y son *aterradores* (¡tomen eso, decoraciones navideñas!).

Y pensamos en los demonios como pequeños personajes de dibujos animados con cuernos y un tridente saltando sobre el hombro de Bugs Bunny.

Ninguna de estas vagas caricaturas hace justicia a su realidad.

De hecho, en las Escrituras se emplea todo tipo de palabras en alusión al universo espiritualmente cargado en el que habitamos:

- dioses
- seres celestiales
- hijos de Dios
- hijos del Altísimo
- querubín
- serafín
- ángeles
- demonios
- príncipes
- señores
- poderes
- principados
- gobernantes
- autoridades
- fuerzas espirituales del mal
- poderes de este mundo oscuro
- espíritus malignos

Si no te gusta el término «dioses», está bien; puedes cambiarlo por otro con el que te sientas más cómodo. Sin embargo, el punto al que estoy tratando de llegar es este: son *reales*, no falsos. No son entidades inexistentes. No son tan solo un mito de una era supersticiosa.

Y aún desconocemos muchas cosas sobre estos seres espirituales...

¿De dónde vienen?

¿Cómo llegaron aquí?

¿Por qué Yahveh no acaba con ellos *ahora*?

¿Viven para siempre o finalmente mueren?

¿Se reproducen?

¿Existen diferentes niveles de poder y autoridad? Parece que los «dioses»/*elohim* son seres poderosos con autoridad sobre las naciones, y los demonios son más bien seres de bajo nivel que hacen el trabajo de los «dioses», pero en ese punto nos metemos en el terreno de la especulación.

¿Cuánto poder y autoridad tienen realmente?

¿Y qué pasa con «Satanás»? ¿Es una persona o es más bien un cargo? ¿Un ser o muchos? ¿Cuánto control tiene sobre los otros *elohim*?

¿Honestamente?

No lo sabemos.

Quiero decir, hay mucho que *sí* sabemos. Pero hay otro tanto que no está claro. Es como el comienzo de *Star Wars*. (¿Acaso no todo es así?). Imagina que estás viendo esto en 1977, por primera vez…

UNA NUEVA ESPERANZA

Son tiempos de guerra civil. Naves rebeldes han atacado desde una base secreta y han obtenido su primera victoria contra el malvado Imperio galáctico.

Llegas al final de la introducción y te quedas con todo tipo de preguntas: ¿por qué hay una guerra civil? ¿Quiénes son los rebeldes? ¿Por qué el Imperio galáctico es malo? Algunas de esas preguntas se responden en la historia; otras no. La idea es que tú, el espectador, te quedes en mitad de una historia en curso y tengas que ponerte al día.[39]

El comienzo de la Biblia es bastante similar. Piensa en Génesis 3. Hay una *serpiente* en el Jardín. En el antiguo Cercano Oriente, la serpiente era un símbolo bien conocido de caos y maldad. ¿Cómo llegó la serpiente al Edén? No está claro.

Lo que *sí* es palmario es que vivimos en un mundo espiritualmente denso, lleno de seres humanos y no humanos más allá de lo que podemos medir.

También está claro que estos seres espirituales, como los humanos, tienen un grado de libre albedrío y autonomía. Pueden obedecer y servir a Yahveh, o pueden rebelarse y entrar en guerra contra Él, igual que nosotros.

Algunos de ellos aman al Dios Creador; otros lo odian y se desquician por su existencia.

Algunos son buenos; otros son malvados, nocivos, sádicos y crueles.

Y a lo largo de la historia de Dios, los pecados predominantes de Israel son la idolatría y, su buena amiga, la injusticia. La idolatría y la injusticia pueblan una página tras otra de las Escrituras hebreas. Pero la tentación nunca fue adorar a Yahveh *o* _____. Siempre fue, Yahveh *y* _____. Para Israel, fue vivir en una relación de poliamor con los «dioses» en lugar de mantenerse fiel a su verdadero esposo. Y el subproducto de este asunto ilícito es la injusticia: destroza el tejido social del mundo.

Una y otra vez, Israel se va tras estos otros «dioses», porque les dan lo que quieren. Los «dioses» son como el político que hará o dirá *cualquier cosa* para llegar al poder, por lo que hace todo tipo de promesas y asegura que no le costará nada al pueblo. Y cuando finalmente llega al poder, su verdadera naturaleza sale a la luz, y no es buena.

En algún momento, el Antiguo Testamento comienza a parecer la misma historia repetida. Te da esa sensación molesta de *déjà vu*. Israel va tras los otros «dioses», todo sale mal, piden misericordia y Yahveh acude a salvarlos.

Esto sucede como mil millones de veces.

Por eso el Salmo 82 es una oración para que Dios *haga algo al respecto*. Para que acabe con la tiranía de esos poderes malvados y perversos, para que los expulse, ponga fin a su caos y libere al mundo.

Y aquí es donde entra Jesús…

TRES: Jesús

Como mencioné antes, Jesús viene como la encarnación del mismo Yahveh, la manifestación en carne y hueso del Dios Creador.

Al mirar en retrospectiva a la vida, muerte y resurrección de Jesús, los escritores del Nuevo Testamento dejan claro que una de las principales misiones de Jesús fue desarmar los poderes que estaban en guerra con Yahveh.

Escucha el resumen del apóstol Juan sobre la obra de Jesús: «El Hijo de Dios fue enviado precisamente *para destruir las obras del diablo*».[40]

O aquí tienes una biografía del evangelista Lucas: «Me refiero a Jesús de Nazaret: cómo lo ungió Dios con el Espíritu Santo y con poder, y cómo anduvo haciendo el bien y *sanando a todos los que estaban oprimidos por el diablo*».[41]

Marcos va directo al grano: «Así que recorrió toda Galilea predicando en las sinagogas *y expulsando a los demonios*».[42]

En el Antiguo Testamento no leemos ni *una* sola historia referente a un exorcismo. Cero. En cambio, los Evangelios están llenos de historias sobre Jesús expulsando todo tipo de demonios. ¿Qué está sucediendo aquí exactamente?

Simple: Yahveh está respondiendo la oración de Salmo 82. Está acudiendo a poner fin a la injusticia de los «dioses».

En ningún lugar se hace más evidente y convincente que en la muerte y la resurrección de Jesús. Por un breve momento, parece que Yahveh ha perdido la guerra. Su Hijo está colgado, débil, en una cruz, con toda la vida ya fuera de su cuerpo. Parece el final. Tres días después, el sepulcro está vacío, y Jesús está *vivo*. Su resurrección rompe la columna dorsal de la muerte misma, no a través de la violencia, sino a través del amor sacrificial.

Pablo lo expresa de esta manera en Colosenses: «Desarmó a los poderes y a las autoridades y, por medio de Cristo, los humilló en público al exhibirlos en su desfile triunfal».[43]

Los humilló en público.

Los avergonzó.

Realizó la danza de la victoria en la zona de anotación.

Esta es la lectura más básica y antigua de la cruz. Desde la Reforma protestante, la metáfora principal por la que entendemos la cruz se llama «expiación sustitutiva». Es la idea de que Jesús murió en nuestro lugar para ponernos en paz con Dios.

Es cierto, lo creo.

Pero es una de las diversas metáforas en el Nuevo Testamento para todo lo que ocurrió a través de la muerte y resurrección de Jesús. Y puede ser una sorpresa saber que, durante más de mil años, la metáfora dominante no era la expiación sustitutiva, sino otra llamada *Christus Victor*. Para los que no hablamos latín, eso significa «Cristo es victorioso». La idea subyacente a *Christus Victor* es simple: Yahveh ha estado en guerra con los poderes espirituales del universo durante milenios. Y la cruz es el golpe decisivo en su campaña contra el mal. La victoria trascendental. En la cruz, Jesús derrotó a Satanás, a su panteón de seres salvajes y peligrosos, e incluso a la muerte misma.[44]

¿Es esto lo que te viene a la mente cuando piensas en la cruz?

Ojalá que sí, pero para muchas personas, la respuesta sincera es un «no». Y esto tiene un efecto directo en nuestra forma de seguir a Jesús.

Piénsalo de este modo: lo que el Día D fue para la Segunda Guerra Mundial lo fueron la muerte y la resurrección de Jesús en la guerra contra los poderes del mal. Para aquellos de ustedes que no recuerdan mucho de la historia estadounidense, el Día D fue el día en que los aliados retomaron las playas de Francia. Para la mañana siguiente, el 7 de junio de 1944, Hitler y su régimen nazi ya estaban derrotados. No tenían oportunidad de ganar. Pero a eso le siguió un *año* entero de luchas sangrientas y espantosas, desde las playas de Normandía hasta el centro de Berlín.

Vivimos entre el Día D y el Día de la Victoria en Europa. Entre la primera venida de Jesús para asestar el golpe decisivo y su segunda venida para acabar con el mal de una vez por todas. Y mientras tanto, nuestra tarea es permanecer firmes en esa victoria. Mantener nuestra posición. Cooperar con la invasión del cielo sobre la tierra.

Sí, «luchamos», pero nuestra lucha no es con espadas, lanzas o AK-47; es con oración y amor sacrificial. Así que no te unas a una milicia y vayas a la guerra; arrodíllate y entrega tu vida.

Porque hay un mundo invisible *a nuestro alrededor* tan real como el que podemos ver, tocar, saborear y oler.

Algunas reflexiones sobre la cosmovisión...

Esto se reduce en realidad a la cosmovisión. Tu cosmovisión es tu forma de ver el mundo. Piensa en ello como en un par de gafas que te pones todas las mañanas antes de comenzar tu día.

La mayoría de los occidentales no cree en la idea de un mundo invisible a nuestro alrededor. Parece una tontería supersticiosa de los hombres premodernos. Quiero decir, ¡venga ya! Tenemos una educación. Sabemos más. Tenemos Wikipedia.

Incluso como seguidores de Jesús, es fácil caer en el marco secular. Sí, creemos en los ángeles, pero no pensamos realmente en ellos, salvo en la víspera de Navidad. ¿Y en los demonios? Claro, supongo. Solo que actuamos como si todos los seres demoníacos se hubieran retirado alrededor del 70 d.C. y se hubieran mudado a Indonesia.

Porque este es el mundo en el que crecimos inmersos.

Pero ¿es este el mundo de Jesús y de los escritores de la Biblia?

Tal como lo veo, existen tres cosmovisiones principales, que luchan entre sí por ser la reina de la colina.

La primera es el **politeísmo**. *Poli* significa «muchos», y *teísmo*, «dioses». Es la idea de que hay *muchos dioses*. Dioses de la montaña, dioses del valle, dioses del mar, dioses del campo y de la granja. Y he aquí la clave: dioses con poder y autoridad iguales o paralelos.

Como adorador, eliges uno basándote en dónde vives, o en lo que temes o deseas.

Luego haces sacrificios para ganarte el favor de ese/os dios/es.

No son monógamos, así que adoras a uno o a cincuenta, no importa. Pero hagas lo que hagas, *no* los enojes.

Politeísmo

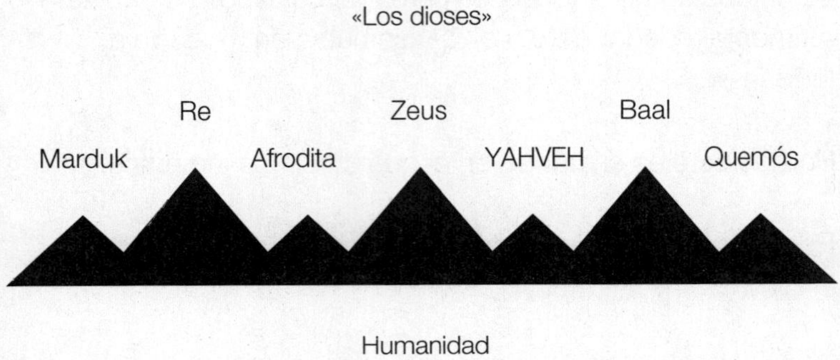

Claramente, esta *no* es la cosmovisión de Jesús.

Por otro lado, en el ring tenemos a un recién llegado: el **universalismo**. Esta cosmovisión está por toda mi ciudad. Diría que es la visión dominante de nuestro tiempo. Básicamente, la idea es que en algún lugar del universo hay un solo Dios, no muchos. Tal vez este «Dios» sea un estado de ser él/ella/ellos/ello (¿quiénes somos nosotros para decirlo?). Y cuando se trata de la multiplicidad de religiones en el mundo, la idea es que «todos los caminos llevan al mismo destino». Así que en realidad no importa que seas cristiano, judío, musulmán, hindú o un sacerdote wicca. Al final, todos los caminos te llevan a Dios.

Universalismo

«Dios»

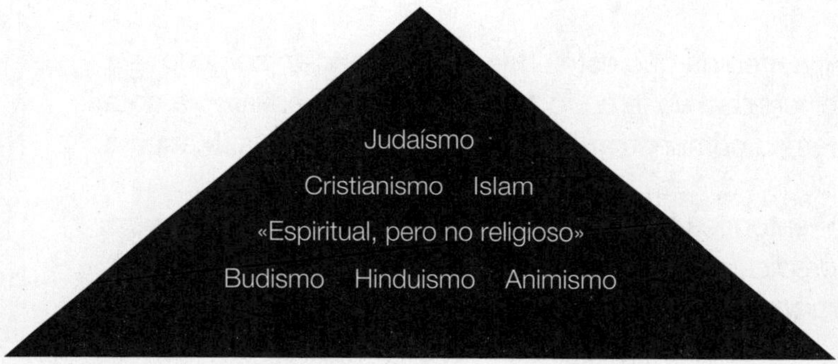

Humanidad

Tristemente, este tampoco es el punto de vista de Jesús.

A veces desearía que lo fuera. ¡Suena tan bonito, tan abierto de mente y tan moderno!

De hecho, si conoces sus orígenes, no es nada de eso. Este punto de vista procede del imperialismo europeo.[45] Alrededor del cambio del siglo XIX, cuando los británicos y sus amigos europeos estaban colonizando el mundo, se expusieron a todo tipo de nuevas formas de espiritualidad. Animismo en África. Islam en Oriente Medio.

El culto a los ancestros en el sudeste asiático. El hinduismo en la India. El budismo en Japón.

La mayoría de los hombres que salían a colonizar el mundo «no civilizado» eran deístas, lo que significa que creían en algún tipo de dios, pero pensaban que este había creado el mundo y luego se había alejado, dejándoselo convenientemente a ellos para que lo conquistaran.

Y a medida que estos hombres aprendían sobre la diversidad de fe en todo el mundo, comenzaron a notar temas comunes en las enseñanzas de Jesús, Mahoma, Buda y todas las principales religiones del mundo. Y entonces pensaron: *¿Sabes? Todas estas religiones predican básicamente lo mismo. Deben llegar todas al mismo lugar al final*.

Y sí, hay similitudes entre las religiones del mundo, como entre las enseñanzas de Jesús y las de Buda. Sin duda.

Pero también hay diferencias profundas, de kilómetros de ancho e *irreconciliables.*

El problema con el universalismo es que ninguno de los pueblos *conquistados* cree estar adorando al mismo Dios que todos los demás. Esa es la visión del *conquistador*.

La realidad es que, en todo el mundo, hay personas extremadamente diferentes adorando a «dioses» muy diferentes.

Todo esto me lleva al punto de vista último y final, que en mi opinión es el de Jesús y el de los escritores de la Biblia. Se llama **monoteísmo**.

La idea básica subyacente al monoteísmo es fácil: *mono* significa «uno». Hay *un* solo Dios. Pero esta no es una palabra que usaron Jesús ni los escritores de la Biblia, así que debemos tener cuidado al definirla.

Así entienden muchos cristianos occidentales el monoteísmo:

Una forma de pensar en el monoteísmo

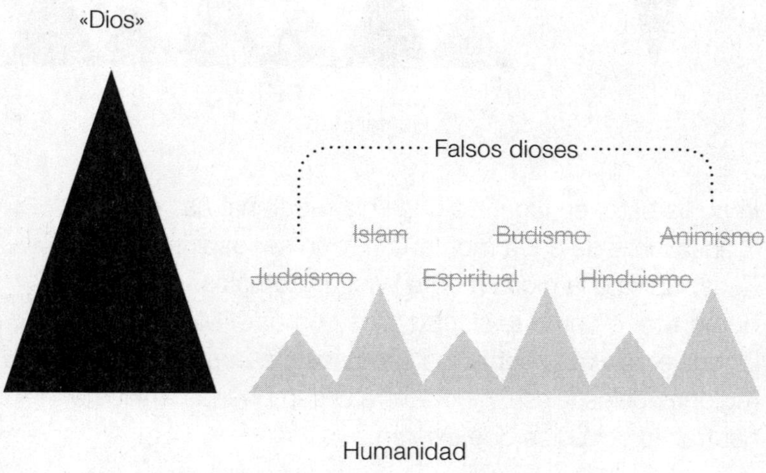

No hay lugar para otros «dioses» en este paradigma. Se asume que ni siquiera son reales. Y la única manera de «subir la montaña» es a través de Jesús.

Pero aquí hay una manera mejor de pensarlo, una más alineada con las Escrituras:

Una mejor forma de pensar en el monoteísmo

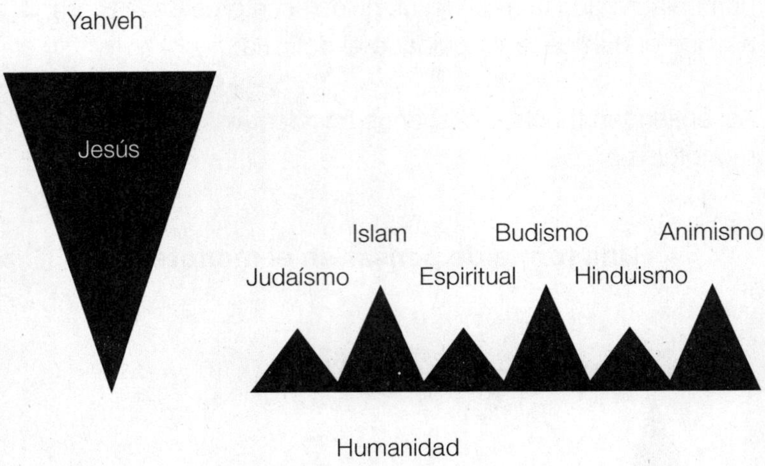

Imagina esto: en lugar de una sola montaña, *hay muchas*. Y en la cima de cada montaña hay un ser espiritual real; Zeus, Shiva o la diosa madre Wicca. Llámalos «dioses» o demonios, o como te sientas más cómodo. Me gusta el lenguaje de Pablo sobre los «poderes y autoridades en las regiones celestiales».[46] No aclara si son buenos, malos o neutrales; solo dice que existen.

Y no es que «todos los caminos lleven a la misma montaña». Es que hay *diferentes caminos hacia diferentes montañas.*

Pero en la cima de la montaña está el *único* y verdadero Dios Creador sobre todos los demás. No es solo más grande y mejor; está en una categoría completamente diferente. Y no hay camino para llegar a su montaña. En primer lugar, este Dios, el único ser realmente digno del título «Dios», el que se llama Yahveh en el Antiguo Testamento y «Dios nuestro Padre y el Señor Jesucristo» en el Nuevo,[47] está en el cielo, no en la tierra. Y en Jesús, Él baja de la montaña. Se convierte en el rabino de Galilea para rescatar y salvar al mundo.

No es tanto que «Jesús sea el único camino hacia Dios». Quiero decir, lo *es*, pero una mejor manera de decirlo es: Jesús *es* Dios que viene *hacia* nosotros.

CUATRO: Nosotros

Soy muy consciente de que esto puede ser impactante para ti, pero quédate conmigo unos minutos más, porque, si esto es cierto, hay implicaciones profundas y de gran alcance sobre cómo pensamos respecto al mal, a la espiritualidad y a la idolatría.

Una palabra sobre cada uno.

Primero, el mal.

Una de las principales objeciones (si no *la* principal) que las personas tienen a la idea de Dios es esta: «Si hay un Dios que es todo amor y todopoderoso, ¿por qué existe el mal en el mundo?». Los filósofos lo denominan el «problema del mal», y es una fuente de incredulidad para millones de personas. Fíjate: *millones*.

No podemos encontrar una manera de reconciliar lo que vemos en las noticias todos los días (ISIS, violaciones en los campus, otro joven negro al que la policía le dispara en un control de tráfico rutinario y un niño devorado por un caimán en Florida) con la idea de un Dios Creador «misericordioso y lleno de gracia».

Pero lo extraño es que los escritores de las Escrituras tienen poco o nada que decir sobre el problema del mal, al menos no en un sentido filosófico.[48] No debaten su naturaleza ni teorizan sobre sus orígenes, ni tienen una crisis de fe por un tsunami.

¿Por qué no?

Porque el mal se *daba por sentado*.

Toma, por ejemplo, la oración central de Jesús: «Venga tu reino. Hágase tu voluntad en la tierra como en el cielo».[49]

Fíjate que Jesús *dio por sentado* que la voluntad de Dios *no* se estaba haciendo en la tierra. De ahí su oración.

Para Jesús, el cielo es el lugar donde la voluntad de Dios se hace *todo* el tiempo. La tierra, por otro lado, es el lugar donde la voluntad de Dios se hace solo *algunas* veces. Porque en la tierra hay otras «voluntades» en juego. Dios no es el único con voluntad, con una agenda de lo que quiere que suceda en el mundo, y con la capacidad para llevarlo a cabo.

Los seres humanos también tienen una medida de libre albedrío.

Y asegúrate de estar prestando atención aquí: *los seres espirituales también lo tienen*.

Podrías incluso argumentar que la naturaleza tiene una «voluntad» propia.

Esas son muchas voluntades…

La voluntad de Dios.

Mi voluntad.

La voluntad de mis amigos, de mi familia, de mis compañeros de trabajo, de mis vecinos y de unos cuantos miles de millones de seres humanos más.

La voluntad de Satanás y su armada demoníaca.

Incluso la voluntad de la naturaleza.

Todas viviendo en el mundo bueno y *libre* de Dios. Algunas bajo su autoridad vivificadora, otras en franca rebelión.

Para aclararlo, no es que la voluntad de Dios sea débil, como si estuviéramos jugando en un campo de juego al mismo nivel. Como si Dios, nosotros y Satanás fuéramos jugadores iguales en un juego por el mundo. Es que en el universo que Dios ha elegido hacer realidad, el amor es el valor más alto, y exige una elección, lo que requiere libertad. Así que Dios ha elegido limitar su abrumadora capacidad de anular cualquier «voluntad» contraria a la suya, a fin de crear espacio para una libertad real y genuina para sus criaturas, humanas y no humanas. Y el mal es el subproducto de esa libertad que Dios incorporó al tejido del universo. En pocas palabras, la bondad de Dios es increíble, pero el mundo es un lugar aterradoramente libre, peligroso y hermoso como para llamarlo hogar.[50]

Si te perdí o te molesté con eso, está bien. Yo también me apasiono por este tema. Es una zona de desacuerdo generalizado en la iglesia global e histórica. Es complejo. Todos están de acuerdo en que Dios es Rey y sus criaturas son libres. Pero nadie está de acuerdo en qué significa exactamente «libre»; es difícil de resolver. Algunos seguidores de Jesús dan más espacio al control de Dios sobre el universo, mientras que otros enfatizan la libertad y la autonomía de sus criaturas.

Ten cuidado con cualquiera que afirme tenerlo todo resuelto. Hay *mucho* misterio aquí, y es necesario respetarlo.

Según mi experiencia como pastor, cuando las personas interpretan los acontecimientos negativos de su vida, rara vez dan espacio a la voluntad libre de los seres *humanos*, y mucho menos a los seres *espirituales*. Y, en mi opinión, en la medida en que ignoramos el poder y la autoridad de Satanás y sus amigos en el mundo, terminamos atribuyendo *su* maldad a Dios.

Esta es una crisis de fe en ciernes. La realidad es que el planeta Tierra es el escenario de una guerra cósmica. Así que, *por supuesto* que hay maldad. Vives en un campo de batalla. Hay daños colaterales por todas partes. Los autores de las Escrituras *dieron* simplemente *por sentado* que el universo está lleno de seres espirituales reales con un grado de poder para animar imperios malvados, desatar injusticias, detener las respuestas a las oraciones, moldear desastres «naturales», incluso apoderarse de la mente y del cuerpo de las personas para llevar a cabo sus oscuros planes.

Un teólogo lo expresa de esta manera: «Cuando uno posee una conciencia vital de que existe una inmensa sociedad de seres espirituales entre Dios y la humanidad, similares en extremo a los humanos al poseer inteligencia y libre albedrío, simplemente no resulta difícil reconciliar la realidad del mal con la bondad del Dios supremo... *prácticamente elude el problema del mal*».[51]

Esa última línea es un poco exagerada. Por favor, no me malinterpretes. *No* estoy diciendo: «¿Ha sucedido algo malo en tu vida? ¡Oh, ha sido Satanás!».

Me refiero a que tenemos que volver a la cosmovisión de Jesús y de sus amigos escritores hebreos, porque cuando nuestra cosmovisión fue moldeada por el secularismo más que por las Escrituras, creamos un problema filosófico sin una buena solución.[52]

Por tanto, cuando el mal venga a destrozar tu puerta, no tengas una crisis de fe, como si Yahveh fuera el culpable. Lo más probable es que no lo sea. En su lugar, llora, lamenta y encuentra a Dios en el lugar de dolor. Pero luego, levántate y únete a Jesús en su misión de transformar el mal en bien.

Y, sobre todo, espera el día en que Jesús regrese para *acabar con el mal de una vez por todas.*

En segundo lugar, espiritualidad. O religión, o como quieras llamarlo.

Vivo en Portland, Oregón, el epítome de la nueva categoría de elección en una encuesta religiosa: «espiritual pero no religioso». En mi ciudad, si le preguntas a alguien sobre Dios o sobre la iglesia, por lo general responderá: «No voy a la iglesia ni nada, pero soy espiritual». Por «espiritual», la mayoría de las personas quieren decir tan solo que valoran el significado y el propósito, ven el programa de *Oprah*, toman una clase de yoga de vez en cuando o practican *mindfulness*. Pero un número creciente de personas *son* realmente «espirituales» en el verdadero sentido de la palabra: se relacionan con un espíritu.

Si eres de una ciudad más conservadora, tal vez la gente diga: «No estoy seguro del cristianismo, pero creo en Dios».

Yo solía asentir con la cabeza, sonreír y cambiar de tema. Pero ahora hago la pregunta de seguimiento:

«¿Eres espiritual? Genial. *¿Con quién* eres espiritual?».

O...

«¿Crees en Dios? ¡Qué bien! *¿En cuál?*».

Nunca niego que la experiencia espiritual de las personas no sea real. Jamás discuto que sea falsa o que tengan una imaginación demasiado activa. En su lugar, hablo de lo mucho que Jesús es mejor que todas las demás opciones. Cómo es Él la encarnación del único y verdadero Dios Creador que nos hizo a cada uno de nosotros. Y cómo los demás «dioses», espíritus o como quieras llamarlos, son peligrosos.

Esto también significa que necesitamos ser cuidadosos, discernir y estar alerta cuando se trata de «espiritualidad». Las cartas del tarot, los quiromantes, las tablas Ouija… estas cosas son más populares que nunca. Mucha gente las toma a la ligera como una broma. Pero ¿y si no lo son? ¿Y si al menos alguna de ella es legítima?

Hace un tiempo, una estudiante universitaria de mi iglesia vino a verme toda alterada. Su amiga leía la mano y podía predecir el futuro. Unas semanas después, la profecía se cumplió exactamente como lo presagió la vidente de cincuenta dólares la hora.

Pero esta chica no tenía categoría para eso, porque en su mente todo eso era falso. Una ilusión. Era la típica cristiana occidental secularizada. Así que la aterrorizó por completo.

Cuando las personas acuden a un quiromante, juegan con cartas del tarot en la sala de estar, se inclinan ante un ídolo en la India, o cantan en un templo bahái en los suburbios; cuando esas mismas personas experimentan algo vívido, táctil y real, no es necesariamente una psicosis, una alucinación o una fantasía.

Están siendo espirituales, pero no con el Espíritu de Jesús, sino con *otro* espíritu.

Finalmente, hablemos un momento sobre la idolatría.

Hay mandamientos a lo largo de todas las Escrituras que nos ordenan alejarnos lo máximo posible de la idolatría. Ya leímos el segundo mandamiento, pero el Nuevo Testamento indica lo mismo una y otra vez.

Pablo escribe: «Mis queridos hermanos, huyan de la idolatría».[53]

Juan sigue con: «Queridos hijos, apártense de los ídolos».[54]

Si has estado en la iglesia por un tiempo, lo más probable es que hayas escuchado un sermón o dos sobre la idolatría, y el pastor haya dicho algo como: «Un ídolo es cualquier cosa que ocupe el lugar de Dios en tu corazón».

Un predicador que me encanta declaró: «Si algo se convierte en más fundamental que Dios para tu felicidad, el significado de la vida y tu identidad, entonces es un ídolo… El corazón humano es, de hecho, una fábrica que produce ídolos en masa».[55]

Aquí la idea es que un ídolo es algo bueno que se convierte en principal; se convierte en *la* cosa. La conversación sobre la idolatría llega a ser una conversación sobre prioridades. La tarea es vigilar «los ídolos del corazón».

Ahora, estoy completamente de acuerdo en que necesitamos vigilar nuestro corazón.

Pero no creo que sea eso lo que los escritores de la Biblia llaman idolatría.

Al menos, no creo que ese sea el significado *principal*, el valor literal.

Un ídolo no es «algo bueno que se convierte en algo principal»; es una estatua que representa algún tipo de ser espiritual real. Sirve de intermediario, un conducto, un lugar para que el adorador se encuentre con su «dios».

Ahora bien, algunos ídolos son, por supuesto, meros trozos de roca, metal o madera que alguien esculpió para ganar algo de dinero, y cuando el adorador se inclina frente a ellos, *no sucede nada en absoluto.*

Pero otros ídolos son portales hacia una relación con un ser espiritual real, y cuando el adorador viene a orar, sacrificar o compartir una comida para los muertos, algo *ocurre*.

Por ejemplo, Pablo escribe esto a los seguidores de Jesús en la ciudad de Corinto del siglo I: «¿Qué quiero decir con esta comparación? ¿Que el sacrificio que los no judíos ofrecen a los ídolos sea algo o que el ídolo mismo sea algo? No, sino que cuando ellos ofrecen sacrificios, lo hacen para los demonios, no para Dios; y no quiero que ustedes entren en comunión con los demonios».[56]

Observa que, para Pablo, el peligro de la idolatría no es que tus prioridades estén fuera de lugar, sino que acabas en una relación con un demonio.

La idolatría era un tema delicado y volátil en la iglesia primitiva. En el Mediterráneo antiguo, los templos eran el centro de toda la vida social, así como de los negocios y del comercio. No solo adorabas en un templo; también hacías amigos, comías, negociabas, llevabas a cabo tratos comerciales, firmabas contratos, comprabas y vendías, etc.

Entonces, si te convertías en seguidor de Jesús y tenías que salir de los templos, realmente te costaba.

En el mundo occidental esto no es un problema para la mayoría de las personas. Los templos son un vestigio que se pasa por alto en un tour histórico, cuando se está de vacaciones en Grecia. Claro, las religiones orientales como el hinduismo están ganando popularidad, y con eso viene la adoración abierta a otros «dioses». Acabo de tomar un descanso y caminé por la calle hasta un restaurante tailandés para cenar. Había un ídolo en la ventana delantera. Pero, en su mayoría, es fácil evitar los templos.

Sin embargo, eso no significa que yo esté libre de responsabilidad.

Creo que las advertencias del Nuevo Testamento contra la idolatría tienen un efecto secundario, que resuena especialmente en el mundo moderno.

En una sociedad secular, los «dioses» se vuelven no espirituales (dinero, sexo, poder, más seguidores en Twitter, abdominales más planos, cualquier cosa que «ocupe el lugar de Dios en tu corazón»).

Los templos se transforman en centros comerciales, en estadios deportivos y en cámaras del senado.

La adoración se convierte en un sacrificio de dinero, de tiempo, de salud, de familia, de virginidad o de lo que sea que tengas que pagar a cambio de aquello que deseas de la vida.

Pero es necesario recordar: detrás de estos «no dioses» no espirituales y seculares, a menudo se esconde un ser espiritual *real*. Como en el caso de un ídolo, detrás de ese pedazo de madera, de roca o de metal, con frecuencia hay una criatura con una cantidad aterradora de poder.

El erudito del Nuevo Testamento, N. T. Wright, lo expresa de esta manera: «Cuando nosotros, los seres humanos, cometemos idolatría y, adorando lo que no es Dios como si lo fuera, le otorgamos a otras criaturas y seres del cosmos un poder, un prestigio, una autoridad sobre nosotros que, bajo el gobierno de Dios, se suponía que debíamos tener *nosotros* sobre *ellos*. Cuando adoras un ídolo, cualquiera que sea, cedes algo de tu propia autoridad humana sobre el mundo y se la das en cambio a esa cosa, sea lo que sea».[57]

No puedo evitar pensar en la obsesión de nuestra cultura con el sexo y la cara oscura de la pornografía extrema, el tráfico sexual y la prostitución infantil que se producen en nuestras propias ciudades.

¿Me estás diciendo que no hay nada demoníaco detrás de *eso*?

O pienso en la búsqueda desenfrenada de dinero en Occidente, y el alto coste de la globalización. Hoy en día hay más de veintiocho *millones* de esclavos en el mundo. Más que nunca. Para que una pequeña fracción del mundo viva en el lujo al estilo occidental, es necesario que cientos de millones de personas vivan bajo la opresión económica, por no decir en plena esclavitud. Claro, tus zapatos nuevos son geniales y solo te costaron cincuenta pavos. Pero los hizo una mujer extremadamente pobre en Vietnam, trabajando doce horas al día, siete días a la semana, solo para sobrevivir.

¿Me estás diciendo que la pesadilla en la que se ha convertido el comercio global es solo por malos acuerdos comerciales? ¿Empresas corruptas, codiciosas de dinero? ¿Que no hay ningún poder demoníaco obrando aquí?

Me pregunto si las cosas no espirituales en nuestro mundo secular son las más letales espiritualmente. Como dijo el infame Keyser Söze, «El mayor truco que el diablo ha hecho ha sido convencer al mundo de que no existe».[58]

Esto es algo diferente de la «idolatría» en el Nuevo Testamento y, aun así, *es todo un motivo más para mantenerse lejos de ello*. El dinero posee la suficiente atracción y poder por sí mismo. El sexo es embriagador y adictivo. Si accidentalmente abrimos nuestras vidas a un ser demoníaco subyacente al dinero, al sexo o a cualquier otro «dios» de nuestra elección, nos veremos en muchos más problemas.

Entonces, para terminar.

Somos seres creados. Esto significa que estamos diseñados para la adoración. Hechos por el Creador para amar y vivir por algo superior a nosotros mismos.

La adoración no es algo religioso; es algo *humano*.

Los seguidores de Jesús adoran.

Los judíos adoran.

Los musulmanes adoran.

Los hindúes, los wiccas, los druidas, los neopaganos, los mormones, los testigos de Jehová y los chamanes tribales adoran.

Y los famosos ateos antideidad de Oxford también adoran.

Todos hacemos sacrificios. Cuando leas sobre el sacrificio de animales en la Biblia, recuerda que, en el mundo antiguo, los animales fueron moneda de cambio a través del tiempo.

¿En qué gastas tu dinero?

¿Qué hay de esa preciada mercancía que llamamos tiempo?

Cuando estás en necesidad, en problemas o en una mala situación, ¿a dónde vas para escapar? ¿A un libro sagrado, un templo, una esterilla de yoga, un canto, una botella, un gimnasio, un sitio web o una relación?

¿Dónde buscas significado y relevancia que perduren más allá de tus pocos años en este planeta?

No podemos dejar de adorar, como tampoco podemos dejar de respirar.

En su discurso de graduación en la Universidad de Kenyon, el novelista y crítico social David Foster Wallace expresó con elocuencia: «En las trincheras cotidianas de la vida adulta, en realidad no existe el ateísmo. No existe el no adorar. Todos adoran. La única elección que tenemos es *qué* adorar».[59]

Continuó advirtiendo que, si adoras lo incorrecto, eso «te devorará».

Adora la belleza, el romance y el sexo… y siempre te sentirás feo y solo, y cuando envejezcas, morirás décadas antes de lo que te corresponde.

Adora el dinero y las cosas materiales, ese auto extra que no necesitas… y siempre te sentirás pobre, insatisfecho y desdichado con la vida que realmente llevas.

Así que para repetirlo de nuevo: hay un único Dios Creador verdadero que hizo el mundo y todo lo bueno, lo bello y lo verdadero que hay en él. Él y solo Él es digno de adoración. Él es la única fuente de vida, de paz, de significado y de relevancia que perdurará más allá de la muerte y hasta la eternidad.

Ámalo con todo tu corazón, tu alma y tu fuerza, con cada pedazo de tu ser. No a Quemós ni a Afrodita, ni a Shiva, ni a Elvis, ni al nuevo Audi, ni la tableta abdominal, ni a un 4.0, ni a lo que sea «eso» para ti.

Adora a Dios.

Capítulo 3

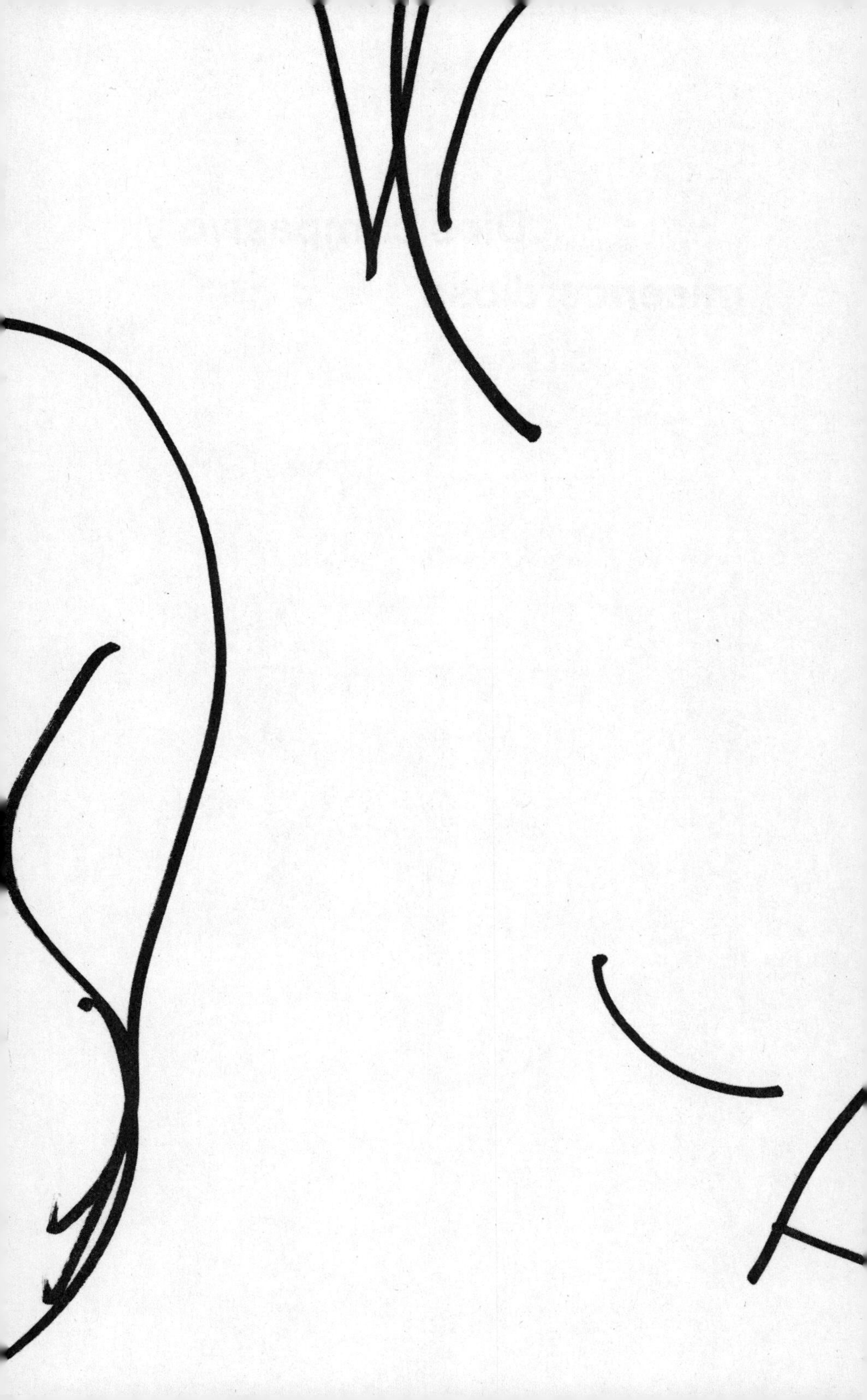

«El Señor [Yahveh], el Señor [Yahveh], **Dios compasivo y misericordioso**, lento para la ira y grande en amor y fidelidad, que mantiene su amor hasta mil generaciones después y que perdona la maldad, la rebelión y el pecado; pero no tendrá por inocente al culpable, sino que castiga la maldad de los padres en los hijos hasta la tercera y cuarta generación».

Dios como Padre y Madre, y su emoción fundamental hacia ti: la misericordia

Imagina vivir en el antiguo Cercano Oriente en el 1500 a.C. Eres un hebreo, exesclavo en Egipto, que ahora cruza el desierto cerca del monte Sinaí.

Vives en un universo espiritualmente cargado de «dioses» y «diosas». Y estos seres divinos no son nada amables. Lee cualquier texto antiguo. Los dioses eran *crueles*: caprichosos, volubles y propensos a enfurecerse ante la más mínima infracción.

Así que hacías sacrificios. Naturalmente. Para mantener a los dioses tranquilos, o tal vez para ganarte su favor. Al principio era un pájaro o una cabra. Luego subías a un toro. Pero finalmente podían pedirte a tu hijo. Tal vez incluso a tu primogénito.

¿Recuerdas la clase de Historia de la Civilización Mundial de primer año? Piensa en la historia de Troya. Ocurre alrededor del mismo tiempo que la historia de Moisés en el monte Sinaí.[1] El rey griego Agamenón navega por el Mediterráneo para luchar en la Guerra de Troya, pero su flota está estancada, sin viento. Porque Artemisa, la diosa de Grecia, está enojada.[2] Siempre está enojada. Exige que haga un sacrificio brutal: su hija Ifigenia. Y ¿qué pasa? Lo hace: la degüella para aplacar la ira de Artemisa.

Y de inmediato, *el viento comienza a soplar.*

¿Mito o historia?

¿Patrones climáticos aleatorios en una época supersticiosa? ¿O un *elohim* cruel y maligno en acción?

Difícil de decir.[3]

Pero si vives en el mundo antiguo, vives con temor a los dioses.

Entonces, Yahveh (di conmigo: *¡el único y verdadero Dios Creador!)* viene a tu rescate. Te salva de Egipto. Te guía a través del mar Rojo y del desierto. Te provee comida y agua para sobrevivir al viaje. Y no has hecho nada para merecerlo.

¿Quién *es* este Dios?

Este Dios no es como Artemisa, Amun-Ra o Marduk. Él te dice su nombre, Yahveh, y te invita a una relación. Al parecer, quiere conocerte y que lo conozcas de verdad.

Luego, te indica cómo es. Y lo *primero* que aprendes es que es «compasivo y misericordioso».

En las Escrituras hebreas, el orden importa. El orden es una pista de lo que tiene mayor importancia. Que «compasivo y misericordioso» inicien la lista de los rasgos de carácter de Yahveh significa que es el atributo dominante, lo *más importante* que se puede saber sobre Él.

Esta frase, «compasivo y misericordioso», es *rahumwe-hanun* en hebreo.[4]

¿Puedes repetirlo?

Vamos, inténtalo…

Rahumwe-hanun.

Muy bien.

Rahumwe-hanun es una combinación de palabras en hebreo. Es decir, no solo suenan similares, sino que están dispuestas una al lado de la otra para explicarse mutuamente.

Desglosemos estas dos palabras, para volverlas a juntar luego.

Primero, veamos *rahum*, o «compasivo». Suele traducirse «misericordioso».[5] Proviene de una raíz que significa «útero femenino». La idea subyacente en esta palabra es el sentimiento de una madre hacia su hijo recién nacido.

Entonces, ¿Yahveh es una madre?

¿Tiene útero?

¿Tiene *sentimientos*?

En cierto modo, sí.

A continuación, algunos ejemplos de dónde se usa *rahum* en las Escrituras…

En los libros históricos hay una historia peculiar sobre dos mujeres que pelean por un niño. Ambas afirman ser la madre, pero es el mundo antiguo y no hay prueba de ADN, así que el rey Salomón idea un plan ingenioso: cortar al niño por la mitad y darle un trozo a cada madre. Eso debería revelar quién era la verdadera progenitora. De inmediato, la verdadera madre, «angustiada por su hijo, dijo al rey: —¡Por favor, mi señor! ¡Dele usted a ella el niño que está vivo, pero no lo mate!"».[6]

En el hebreo original, leemos que ella se conmovió profundamente por su *rahum,* su amor intenso, visceral y maternal por su hijo.

Aquí hay otro ejemplo. En el profeta Isaías, Yahveh declara: «¿Puede una madre olvidar a su niño de pecho y *dejar de amar* al hijo que ha dado a luz? Aun cuando ella lo olvidara, ¡yo no te olvidaré!».[7]

Pero uno de mis ejemplos favoritos es la poesía hebrea. Primero, el escritor cita Éxodo 34:6:

> El Señor [Yahveh], Dios compasivo y misericordioso,
> lento para la ira y grande en amor y fidelidad.

Luego habla sobre el *rahum* de Yahveh:

> Tan *compasivo* es el Señor [Yahveh] con los que le temen
> como lo es un padre con sus hijos.[8]

Entonces, *rahum* es lo que un padre *siente* por sus hijos.

Miro a mi esposa, Tammy, con nuestros tres hijos. Si hay un llanto en mitad de la noche, ella está fuera de la cama, a su lado, por lo general antes de que yo me despierte siquiera.

Ella es *compasiva*.

Sinceramente, no soy una persona compasiva por naturaleza, y, a decir verdad, no soy muy niñero; soy tranquilo, ordenado y también *pulcro*. Pero mis tres hijos me *derriten* el corazón.

El otro día, Moses (mi hijo de seis años) me preguntó si podíamos luchar. Las «R» son difíciles para Mo, así que «luchar» se convierte en *luchal*. Estaba en mi oficina respondiendo un correo electrónico y le respondí: «Lo siento, Moses, ahora no. Papá está ocupado».

Pero él añadió: «Si te doy un beso, *entonces* ¿podríamos "luchal"?».

Cinco segundos después, estábamos en el suelo riendo y pateando como maestros de kung-fu.

Cuando se trata de mis hijos, soy *compasivo*. Siento un amor y un afecto profundamente arraigados por Jude, Moses y Sunday.

Y esto solo es un vistazo, un débil eco de lo que Yahveh siente por *sus* hijos. Por ti. Y por mí.

Trágicamente, para algunos de ustedes esto no tiene ningún sentido. Su familia de origen está tan distorsionada que no tienen idea de cómo es un padre compasivo. Su papá siempre estaba enojado con ustedes, esperando que cometieran un error. O su mamá era la perfeccionista arquetípica, siempre regañándoles, crítica y condescendiente. Nunca eran lo bastante inteligentes, lo bastante atléticos, lo bastante guapos, lo bastante *buenos*. O tal vez sus padres simplemente no estaban presentes. Crecieron por su cuenta. Así que la idea de Yahveh como padre no resuena en ustedes.

Pero para otros de ustedes, esto toca una parte profunda de su alma. Especialmente si son padres. Saben que no hay amor tan feroz como el de una madre o un padre por su hijo. El amor de un hombre por una mujer, de un soldado por su país, de un aficionado por su equipo; *ninguno* de esos se acerca siquiera al amor de un padre por sus hijos. Es ese tipo de amor emotivo, visceral, en lo más profundo de sus huesos, más fuerte que la vida misma.

Y es así como Dios se siente por ti.

Detente un momento.

Deja que esa idea se asiente…

Entonces, *rahum*, o «compasión», es una palabra que describe un *sentimiento*.

Por el contrario, «misericordia» es una palabra de *acción*. En hebreo es *hanun*. Significa «mostrar gracia» o «mostrar favor». Es algo que se hace. Conlleva la idea de ayudar. *Hanun* a alguien es ayudarlo en un momento de necesidad.

Por ejemplo, *hanun* se usa en *Éxodo*: «Si alguien toma en prenda el manto de su prójimo, deberá devolvérselo al caer la noche. Ese manto es lo único que tiene para abrigarse; no tiene otra cosa sobre la cual dormir. Si se queja ante mí, yo atenderé a su clamor, pues soy un Dios *misericordioso*».[9]

Por tanto, aquí «misericordioso» tiene que ver con las tasas de interés de un préstamo. Es justicia para los pobres. Es un abrigo para mantenerte caliente por la noche.

La palabra aparece nuevamente en *2 Reyes*: «Durante el reinado de Joacaz, Jazael, rey de Aram, oprimió a los israelitas. Sin embargo, el Señor [Yahveh] tuvo misericordia de ellos».[10]

Aquí, «misericordia» significa salvar a Israel de la aniquilación por parte de un ejército extranjero. Es un muro de defensa alrededor de una nación incipiente.

Luego aparece en los *Salmos*. El poeta cita Éxodo 34:

Pero tú, Señor, eres Dios compasivo y misericordioso,
lento para la ira y grande en amor y fidelidad.

A continuación, una oración:

Vuélvete hacia mí y tenme [*misericordia*];
concédele tu fuerza a este siervo tuyo.
¡Salva al hijo de tu sierva![11]

Aquí, una oración por la «misericordia» de Dios es una plegaria para que Él rescate y salve a Israel del peligro. Es la súplica al Dios-que-responde para que haga *algo*.

Entonces, recapitulemos: «Compasivo» es un adjetivo que describe un *sentimiento*. Yahveh es como un padre, o incluso una madre, y nosotros somos como sus hijos. Y «misericordioso» es una palabra que describe una acción. Significa que, como un padre, Dios viene al rescate cuando sus hijos necesitan ayuda.

Estas dos palabras se enlazan y se fusionan para mostrarnos cómo es Yahveh: es compasivo y misericordioso.

Cuando nos acercamos a Dios (sea en la oración matutina, en la adoración en la iglesia, al salir a correr por la tarde o a mitad de una crisis laboral), nos acercamos a un Dios que *siente*, que se preocupa por nosotros. *Y* un Dios que *actúa*, que quiere ayudar, que quiere hacer algo con respecto a nuestra situación.

Según yo lo veo, las personas se acercan a Dios de tres formas básicas…

La primera **se basa en lo que hemos hecho.**

Es algo parecido a: «Señor, soy una buena persona. Voy a la iglesia. Soy voluntario. Incluso doy dinero. Así que, ¿podrías _____?».

Volvemos a la fórmula matemática. La idea implícita aquí es que Dios te *debe* algo. Este juego rara vez funciona con Él. Lo único que puede alejarnos de su misericordia es pensar que la merecemos. Esta es una de las muchas razones por las que las personas religiosas a menudo están más alejadas de Dios.

La segunda forma **se basa en lo que nos ha sucedido**, o en nuestras circunstancias.

Tal vez estás experimentando un momento difícil. La vida no va bien. Necesitas ayuda.
Entonces tu oración es algo así: «Señor, esto es sumamente difícil en este momento. Estoy pasando por el infierno. ¿Cómo pudiste dejar que esto me sucediera? No es justo. Así que, ¿podrías _____?».

Jugamos la carta de la víctima. Tratamos de mostrarle a Dios cuán desesperadamente necesitamos su misericordia, e intentamos manipular a Dios para conseguir lo que queremos.

Y hay un momento y un lugar para orar de esta manera. Para lamentarse. Para protestar por todo lo que va mal en la propia vida.

No obstante, hay una forma mejor de avanzar, una tercera manera de acercarse a Dios: no basada en lo que has hecho o en lo que te ha sucedido, sino **basada en quién es Dios, en su misericordia.**

En esta postura, la oración es algo así: «Señor, tú eres compasivo; te importo. Y eres misericordioso; ayudas. Y Dios mío, tú no me debes nada, y otras muchas personas están en una situación mucho peor que la mía, pero basándome en tu misericordia, te pido que _____».

Ahora bien, una vez más, la oración no es una fórmula. No hay una «manera correcta» de orar, pero parece que a Yahveh este tipo de oración le parece mucho más convincente que cualquier otra.

Sin embargo, ¿es así como tú y yo nos acercamos a Dios?

¿O no?

De acuerdo, sigamos. Toda esta charla sobre la amabilidad de Yahveh suena cálida y reconfortante, pero la misericordia de Dios tiene un lado perturbador…

DOS: Historias

Hay mucha violencia en la Biblia. Obviamente. El mundo antiguo era un lugar bárbaro y cruel (como si ya no lo fuera). Y Yahveh, como siempre, estaba sumamente adelantado a su pueblo, guiándolo hacia un mundo en el que amas a tu enemigo, no le cortas la cabeza. Solo que ese es un largo viaje, y leemos muchas historias sangrientas de guerra por el camino. Historias del tipo que los ateos escriben en sus blogs, que los fundamentalistas gritan y que la mayoría de nosotros simplemente saltamos y pretendemos que no es un problema.

Estas historias son un reto. No hay forma de evitarlas. Son difíciles de conciliar con el carácter de Yahveh y con las enseñanzas de Jesús.

Pero hay un desafío aún mayor: todas las historias tratan sobre la *gracia* de Dios. Incluso hay más de esas. En medio de toda la sangre y la carnicería, Yahveh, el Dios compasivo y lleno de misericordia, está constantemente trabajando para rescatar y salvar.

Necesitamos mantener vivas estas historias.

Aquí hay una: se trata de un profeta llamado Jonás. Algunas personas piensan que es historia; otras piensan que es una alegoría. De cualquier manera, es un gran relato. En la primera línea de la autobiografía de Jonás, leemos que la palabra de Yahveh vino a Jonás, hijo de Amittai: «Ve a la gran ciudad de Nínive y predica contra ella, porque su maldad ha llegado hasta mí».

Nínive era la capital del Imperio asirio. Asiria era el imperio dominante de la época y el archienemigo de Israel. Habían estado en guerra con los hebreos de forma intermitente durante siglos. Y los ninivitas eran material de leyenda.

Décadas atrás, los arqueólogos encontraron una biblioteca de Nínive. Sus escritos son *impresionantes*.

Sobre una ciudad que acababa de destruir, el rey Salmaneser II declaró lo siguiente: «Una pirámide de cabezas erigí frente a su ciudad. A sus jóvenes y a sus doncellas los quemé en las llamas».

De modo que acumuló una enorme pila de cabezas frente a la puerta de la ciudad y quemó a las mujeres y a los niños vivos. Otra razón más para la Convención de Ginebra.

Su hijo, Senaquerib, narró lo siguiente sobre un rey al que derrotó: «Lo desollé, y extendí su piel sobre la muralla de la ciudad».[12]

En la lista de las diez cosas que *no* quieres que te sucedan si eres un rey antiguo, se encuentra: ser desollado vivo.

Uno de los descendientes de Senaquerib, el rey Asurbanipal, fue fiel al nombre de la familia. Escribiendo sobre otro rey, y otra guerra, comentó: «Le perforé el mentón con mi afilado puñal. A través de su mandíbula… pasé una cuerda, le puse una cadena de perro y lo hice ocupar… una perrera».[13]

Esas *no* eran personas agradables.

Si fueras Jonás, Nínive no sería precisamente un lugar donde desearías plantar una iglesia. Por ello, la línea siguiente indica que Jonás huyó de Yahveh y se dirigió a Tarsis.[14]

Nínive estaba al este, a unos días de camino.

Tarsis estaba al oeste, cruzando el océano, en el borde de España. Era literalmente la última ciudad en el mapa del mundo antiguo. El equivalente hebreo de Tombuctú.[15]

Así que Jonás huye en la dirección *opuesta*, hacia el último vestigio de la civilización. Ahora observa esa línea extraña en la historia. Por más aterradores que fueran los asirios, él no escapaba de Nínive; huía de *Yahveh*. ¿Por qué? No lo descubrimos hasta el final de la historia.

Tras el encontronazo con una tormenta y con un pez que sufría problemas digestivos, Jonás finalmente llega a Nínive.[16] Da vueltas por la ciudad predicando un mensaje de una sola frase: «¡Dentro de cuarenta días Nínive será destruida!».[17]

Eso es todo. No hay sermón de tres puntos. No hay una historia bonita sobre sus hijos. No hay llamado al altar. *Una* sola frase: Yahveh va a aniquilarlos a todos.

No obstante, en un giro sorprendente, ¡los habitantes de Nínive se arrepienten! Se apartan de la adoración de otros dioses y de la violencia y la injusticia que de ella resultan; se vuelven hacia la adoración de Yahveh, el Creador. Incluso el rey se arrepiente. Convoca un día de luto, y la gente viste cilicio y ruega por la misericordia de Yahveh. Entonces leemos: «Al ver Dios lo que hicieron, es decir, que habían abandonado su mal camino, cambió de parecer y no llevó a cabo la destrucción que había anunciado».[18]

La palabra se *arrepintió* es *naham* en hebreo. ¿Recuerdas esa palabra? Significa que «cambió de opinión».[19] ¿Por qué?

Porque, ya sabes lo que voy a decir aquí, Dios *responde*. Hay una flexibilidad en su trato con las personas. Él iba a destruir a los habitantes de Nínive, pero cuando vio el arrepentimiento genuino, tuvo misericordia, cambió de opinión y la ciudad siguió disfrutando de una larga vida.

Es entonces cuando la historia se vuelve aún *más* interesante…

Pensarías que Jonás explotaría de alegría, ¿verdad? Presenció en primera fila uno de los mayores movimientos de Dios en la historia humana. Sin embargo, organiza el equivalente adulto de una rabieta.

Se desahoga con Yahveh: «Por eso me anticipé a huir a Tarsis». Sus peores temores se han hecho realidad.

Y luego (¡espera!) ¡le cita Éxodo 34 a Dios!

«*¡Bien sabía que tú eres un Dios misericordioso y compasivo, lento para la ira y lleno de amor,* que cambias de parecer y no destruyes! Así que ahora, SEÑOR [Yahveh], te suplico que me quites la vida. ¡Prefiero morir que seguir viviendo!».[20]

¡Ja! ¡Esto es *buenísimo*!

Jonás está furioso; bulle de ira contra Yahveh. ¿Por qué? Porque Yahveh fue compasivo y misericordioso *con sus enemigos*. Porque Dios, por naturaleza, «cambia de parecer y no destruye»; Él *naham*. Responde a todo tipo de personas.

Este es el quid de la historia: a todos nos encanta que Dios sea compasivo y misericordioso con *nosotros*. O con nuestros amigos.

Pero ¿qué ocurre cuando es misericordioso con nuestros enemigos? ¿Con personas que desuellan a nuestros reyes como si fueran animales, que queman a nuestras mujeres vivas y se llevan a nuestros hijos a la esclavitud?

¿Qué sucede cuando Dios muestra misericordia a aquellos que nos lastiman, nos pisotean, chismorrean a nuestras espaldas, mienten sobre nosotros con el jefe, nos traicionan, se divorcian de nosotros y nos abandonan?

¿Qué pasa cuando Dios es misericordioso con *ellos*?

Ese es el problema con este Dios Yahveh; no puedes confiar en que retenga la bendición a personas que no lo merecen. Él anda bendiciendo a todo tipo de personajes cuestionables. Personas que no son religiosas ni espirituales, ni siquiera *buenas*.

Porque Él es compasivo y misericordioso con *todos*.

La mayoría de nosotros queremos misericordia para nosotros mismos, y justicia para todos los demás. Pero no funciona así. Dios muestra misericordia con *todos*.

Solo he sido profundamente herido dos veces en mi vida. Las dos veces fue por un amigo cercano. Cada historia tiene dos versiones, pero, desde mi perspectiva, ellos estaban equivocados. Hice todo lo posible por arreglar las cosas, pero ni siquiera se disculparon. No hubo arrepentimiento. Ni siquiera una disculpa. Solo traición y dolor.

La primera vez fue difícil, pero no mucho después de la ruptura, su vida se desplomó, mientras que la mía realmente mejoraba, así que lo superé.

Pero la segunda vez fue mucho más difícil, porque después de que tomáramos caminos separados, él comenzó a decir cosas feas a mis espaldas, distorsionando la verdad. Yo me convertí en el villano. Varias personas dejaron nuestra iglesia por los rumores falsos. Y me dolió, *profundamente*.

Pero ¿estás listo para la peor parte? A él le fue *muy* bien. Quiero decir, la mano de Dios estaba sobre su vida. Lo bendecía en cada paso.

¡Yo estaba tan enojado! Sentí que no era justo, una injusticia. Dios, *¿cómo pudiste?* Fue brutal para mí trabajar esto emocionalmente, pero, al final me di cuenta de algo sobre Dios que nunca olvidaré: *así es Dios, compasivo y misericordioso*. Él bendice a todo tipo de personas que no lo merecen.

Y *yo soy* una prueba viviente de eso.

Lo más probable es que tú también lo seas.

¿Quién soy yo para pensar que «merezco» la bendición de Dios más que el prójimo? En retrospectiva, veo todos los ámbitos de esa relación en los que fallé. Mi inocencia era un mito. No era una víctima. Y el modo en que por fin alcancé la paz fue regresar todos los días al reconocimiento de que *todo* es misericordia.

Ahora bien, Yahveh también es justo, y sí, se enoja. Hablaremos de eso más adelante. De momento, lo que debes saber es que su emoción básica hacia ti es la misericordia.

TRES: Jesús

Lo vemos en las enseñanzas de Jesús. Una de las más perturbadoras e impopulares de estas fue sobre la no violencia y el amor a los enemigos:

«Ustedes han oído que se dijo: "Ama a tu prójimo y odia a tu enemigo". Pero yo digo: Amen a sus enemigos y oren por quienes los persiguen».[21]

Miles de años después, *seguimos* sin comprender del todo la intensidad de esta declaración. Una cosa es no matar a nuestro enemigo, pero *¿amarlos*? Esto es especialmente difícil en los Estados Unidos, donde nuestro nivel de comodidad con la violencia militar es tan alto. Después de todo, somos los «chicos buenos». Incluso los cristianos, en particular los cristianos estadounidenses, tienen mucha dificultad con las enseñanzas de Jesús sobre el amor hacia los enemigos. Muchos estadounidenses preferirían bombardear a nuestros enemigos, someterlos a tortura o atacarlos con un dron.

Cualquier cosa menos *amarlos*.

Hoy, las enseñanzas de Jesús sobre el amor a los enemigos son más subversivas que nunca. Pero para Él, esto no es una idea abstracta; es una realidad concreta basada en el carácter de Yahveh.

Él continúa diciendo que «su Padre… hace que salga el sol sobre malos y buenos, y que llueva sobre justos e injustos».[22]

Recuerda, esto se escribió para una sociedad agrícola donde el sol y la lluvia eran regalos de Dios. Básicamente, Jesús está afirmando que cada vez que sale el sol y cae la lluvia, ese es Dios amando a sus enemigos. Porque Dios es misericordioso por naturaleza.

Este lenguaje de misericordia se usa por todo el Evangelio, y esto tiene sentido porque Jesús es el Dios compasivo y lleno de gracia que camina como el rabino de Nazaret.[23]

En Lucas 17, diez hombres leprosos se acercan a Jesús y gritan: «¡Jesús, Maestro, ten *compasión* de nosotros!».[24]

En Lucas 18, un ciego mendiga junto al camino. Cuando Jesús pasa cerca, el hombre grita: «¡Jesús, Hijo de David, ten *compasión* de mí!».[25]

En Mateo 17, un niño está poseído por un demonio. Sufre de epilepsia y autolesiones. Su padre, desesperado por la sanidad y la libertad de su hijo, se arrodilla ante Jesús y ruega: «Señor, ten compasión de mi hijo».[26]

En una historia tras otra, las personas se acercan a Jesús, suplican misericordia y se van sanas y libres.

Pero Jesús no solo está curando a las personas por amabilidad. Muchos ven a Jesús como si fuera un Mr. Rogers del siglo I, el protagonista de un programa de TV infantil que siempre estaba feliz y tenía una obsesión por los zapatos. Y aunque estoy seguro de que era un deleite estar cerca de Jesús, también se enojaba. Se enojó de verdad en algunas ocasiones.

La misericordia de Jesús no procede de una personalidad relajada; nace de su carácter. El carácter de *Yahveh*.

La historia más famosa que Jesús contó fue sobre un padre y sus dos hijos.[27]

Uno de los hijos es un salvaje, un fiestero ruidoso.

El otro es un esnob autosuficiente y justo.

El hijo salvaje pide su herencia antes de tiempo, algo que, en una cultura antigua de honor/vergüenza, es el mayor acto de deshonra. Básicamente está pidiéndole a su padre que se muera ya. En un giro sorprendente, el padre (que pronto ves que es una representación de Yahveh) accede, y el hijo narcisista «se [va] a un país lejano; allí [vive] desenfrenadamente y [derrocha] su herencia».[28] Mientras tanto, el hermano mayor se queda en casa para ser un buen chico y trabajar en el campo.

Naturalmente, el hijo derrochador se queda sin dinero y su vida se desploma. Llega a una pobreza extrema, y se alimenta de la comida de los cerdos, el colmo para un chico judío. Finalmente, recobra el sentido y decide regresar a casa para suplicar la misericordia de su padre.

A medida que se va acercando a casa (y si esto fuera una película, la siguiente parte ocurriría en cámara lenta), «su padre lo vio y se *compadeció* de él; salió corriendo a su encuentro, lo abrazó y lo besó».[29]

Solemos leer la historia como si tratara sobre los dos hijos.

Pero ¿y si en realidad el protagonista es el padre?

El hijo ha hecho *todo* lo imaginable para romper el corazón de su padre, pero la compasión de este es inquebrantable.

Y esto es lo increíble: esta es la visión que tiene Jesús de Dios.

Para Jesús, Dios es un padre misericordioso que siente profundamente por sus hijos. Es el tipo de papá que ve a su hijo descarriado en el horizonte y corre hacia él porque no puede esperar ni un minuto más para abrazarlo.

Jesús tenía un nombre que usaba para Dios una y otra vez: *Padre*.

Para Jesús, la forma principal en que nos relacionamos con Dios no es como un mortal insignificante que tiembla ante una deidad maligna y airada en el cielo, sino como hijos e hijas en el regazo de papá, confiados, vulnerables, en intimidad, relación y amor.

CUATRO: Nosotros

Ahora, respiremos profundamente y acabemos con fuerza.

Como mencioné antes, ***lo que Dios es* tiene implicaciones sorprendentes en *quiénes somos nosotros.***

Hay una idea profundamente hebrea que se remonta a Moisés en el monte Sinaí. En los escritos rabínicos más antiguos sobre Éxodo 34:6-7, los rabinos hablan de la «imitación de Dios», de cómo es tarea de Israel «imitar» a Dios: copiar, emular y reflejar al mundo lo que Él es. La forma en que el mundo debe saber lo que Dios es, es observando a su pueblo.

Por lo tanto, Éxodo 34 no solo es el punto de partida para una teología de Dios; también es un manifiesto de cómo deben vivir las personas de Dios.

Dios es compasivo, por lo que nosotros debemos ser compasivos.

Dios es misericordioso; nosotros también deberíamos serlo.

Hay una relación simbiótica entre un Padre y sus hijos e hijas. Una familia. ADN.

Vemos esto en la enseñanza sobre el amor a los enemigos que leímos unas páginas atrás. Observemos la razón de Jesús para amar a nuestros enemigos: «Amen a sus enemigos y oren por los que los persiguen, *para que sean hijos de su Padre que está en los cielos*».[30]

La palabra *hijos* puede traducirse como «herederos». No solo somos hijos de Dios, sino también sus herederos, los hijos reales del propio Rey Yahveh. Y el nombre de la familia está en juego. Es nuestro trabajo, nuestra responsabilidad, llevar el honor de la familia. Representar a nuestro Padre ante el mundo.

En la versión de la historia de Lucas, Jesús agrega: «Sean misericordiosos, como también su Padre es misericordioso».[31] Es una declaración clave, con una resonancia, vibración y eco profundos.

El mundo necesita más misericordia. Muchísima más. Tenemos muchos artículos de blogs, columnas de opinión y personas hablando de esto, y hay lugar para todo eso, pero lo que realmente necesitamos son hijos e hijas del Padre que salgan y muestren su misericordia al mundo.

La misericordia es una de esas cosas de las que nunca se puede tener suficiente.

Para algunos de ustedes, esta es su habilidad. Literalmente. En Romanos, Pablo escribe: «Si el don de alguien es… el de mostrar compasión, que lo haga con alegría».[32] Algunos de ustedes son tan buenos en esto, que es como si tuvieran un talento sorprendente para la misericordia. Pienso en mi esposa. Tammy es compasiva y misericordiosa por naturaleza. Está profundamente conectada con esa cualidad. Ella es la empatía en persona. La gente se le acerca en los lugares más inesperados, por lo general en la fila de *Whole Foods* o cuando vamos retrasados a una cita, y simplemente *le cuentan* todos sus secretos más profundos y oscuros. Ella tiene un don increíble.

Yo, en cambio, no tengo ese don.

En parte es simplemente mi personalidad; soy tipo A, orientado a las tareas, impaciente.

Pienso rápido y me muevo aún más rápido. Así que, en mis momentos más débiles, puedo parecer brusco o despectivo con facilidad.

O como diría Jesús, *sin misericordia*.

Pero también tiene que ver con mi visión de Dios. Oh, sé que Dios es «compasivo y misericordioso». Quiero decir, estoy escribiendo un libro sobre eso, ¿verdad? Lo sé. Pero a nivel subconsciente, parte de mí aún siente que Dios está enojado conmigo. Como si fuera una frustración, una decepción o un desastre y tuviera que ganarme su amor.

Tal vez sea por mi crianza en una iglesia de corte fundamentalista suave. Tal vez sea por algún acontecimiento traumático de mi infancia que mi terapeuta aún no ha descubierto. Tal vez sea solo mi personalidad, yo proyectando mi propia manera de ser en Dios. No lo sé. Pero está ahí, en mis entrañas.

Vivo con esta sensación constante de que necesito:

Ponerme las pilas.

Trabajar más duro.

Hacer más.

Ser mejor.

Ganar mi lugar.

Subir el nivel.

Y dejar de dar vueltas sin sentido.

¿De dónde viene este sentimiento? De Dios no.

Poco a poco, estoy aprendiendo (o debería decir, reaprendiendo) que Dios es misericordioso. La mayor parte de mi educación ha sido en un programa de posgrado llamado paternidad. Hace nueve años, cuando nació mi primer hijo, finalmente comencé a entender cómo se siente Dios respecto a mí. Jude no había hecho más que llorar, hacer caca, costar dinero, robarle la cordura a mi esposa y mantenerme despierto toda la noche, *pero no podía dejar de besarlo*. Era como un hidrante de incendios con la tapa rota, un torrente de emociones amorosas saliendo de mi corazón.

Y esto lo digo yo, ¡el Sr. Tipo A!

¿Te imaginas cómo se siente *Dios* por sus hijos?

Así que, para finalizar, en la Iglesia Bridgetown, me gusta terminar mis enseñanzas con preguntas. Jesús solía hacerlo, dejaba a su audiencia con preguntas en lugar de respuestas.

Se me ocurren algunas aquí…

¿Quiénes son tus enemigos? ¿Las personas que abusan, que hablan mal de ti, te pisan, te clavan la cuchillada más profunda, hacen de tu vida un infierno? ¿Las personas que odias?

¿Qué te parecería si les mostraras misericordia? ¿Que incluso los *amaras*?

Comienza con esto: perdónalos.

¿Ni siquiera están arrepentidos? No importa. Libéralos de tu sed de justicia.

Luego, ora por ellos. Y no pidas que se les pinche un neumático, que vayan a la quiebra, que su avión se caiga en un tornado inesperado sobre el sur de California o que, en una cita importante, se den cuenta más tarde de que tienen un pelo de la nariz rebelde que les llega a la barbilla. *Ejem*. No. Aunque quieras pedir justicia, ora por *misericordia*. Por bendiciones.

Y prepárate para que Dios responda.

Luego, ¿quiénes son las personas a quienes tienes oportunidades diarias de mostrar misericordia? ¿Las personas con las que te cruzas a diario? ¿Las personas en la oficina, el gimnasio, la iglesia y tu hogar que necesitan misericordia?

Pista: normalmente son las personas que más te molestan...

Si tienes un anillo de bodas en tu dedo anular, es tu cónyuge. El matrimonio es el arte de aprender a perdonar una y *otra vez*. El matrimonio solo funciona cuando nadie lleva la cuenta. Cuando nadie «gana» o «pierde». Cuando cada día es una oportunidad para dar y recibir misericordia.

Cuando tu cónyuge mete la pata (y lo hará), cuando olvida sacar el cubo de reciclaje el lunes por la noche, pagar la factura de luz a tiempo, cuando habla con la boca llena de burrito o hace algo que te molesta, ¿le muestras misericordia?

Por cierto, no podemos autoevaluarnos. Este es el tipo de pregunta que debes hacerle a tu *cónyuge*.

Acabo de preguntarle a Tammy si cree que soy misericordioso. ¿Quieres saber qué dijo? «No mucho». Pero luego añadió que cada año mejoro un poco. Soy un poco más compasivo. Un poco más bondadoso. Supongo que eso es lo que significa seguir a Jesús.

Si eres padre, entonces cada día tienes una oportunidad para mostrar misericordia. Padres, uno de los trabajos más importantes que tienen es mostrarles a sus hijos el carácter de Yahveh. Si los amas bien, será mucho más fácil para ellos creer en un Dios compasivo. Pero si eres un gruñón, siempre les estás regañando, y luego les dices que Dios es su «Padre», no esperes que lo comprendan.

Uno de los mayores regalos que puedes dar a tus hijos es criarlos de tal manera que tengan que *desaprender* lo menos posible cuando crezcan. Especialmente sobre Dios.

O tal vez no tienes hijos, ni siquiera un cónyuge. Eres soltero. Tal vez para ti sea tu compañero de cuarto, tu hermano o hermana, o un amigo.

Esta es la cuestión: *las personas complicadas nunca son difíciles de encontrar*. Hay de sobra. Probablemente tengas una en tu calle, en tu edificio, en la oficina o en tu iglesia. Si no, siempre están los días festivos con ese tío raro…

¿A quién ha puesto Dios en tu vida para frustrarte y hacerte sentir incómodo?

Escucha: cada vez que los veas, cada vez que te molesten, te enojen o te hagan sentir mal, es una oportunidad para ser como Dios, para mostrar misericordia.

No la pierdas.

Para finalizar, ¿de verdad crees que Dios es tu Padre? ¿Crees que esto es cierto en lo más profundo de tu ser? ¿Crees que Dios es como un padre, que *siente* compasión por ti, que es misericordioso, que quiere ayudarte?

¿Así es como te relacionas con Dios? ¿Te acercas a Él confiadamente, con libertad, intimidad y anticipación, como un hijo a su mamá o a su papá?

Si no es así, no hay mejor momento que este. Lo digo en serio. Ahora mismo, mientras lees este libro, puedes acercarte a Dios.

En el libro neotestamentario de *Hebreos,* se alude a Éxodo 34: «Así que acerquémonos confiadamente al trono de la gracia para recibir la misericordia y encontrar la gracia que nos ayuden oportunamente».[33]

¿Percibes el eco desde el monte Sinaí?

Esta es una afirmación sobre cómo debemos acercarnos a Dios, y me encanta la elección de palabras del escritor, *con confianza*. Debemos acercarnos *con confianza* al Dios que habla y genera el mundo. Porque Él es nuestro Papá. Nos acercamos a su «trono de gracia», no como mendigos de la calle, sino como sus hijos e hijas, herederos reales del reino.

Cuando llego a casa del trabajo, mis hijos no se arrodillan ni se arrastran para besar mis pies. Tristemente. Corren y *saltan* a mis brazos: «¡Papá!».

Confianza. *Así* debemos acercarnos a Dios.

Entonces, ¿dónde necesitas misericordia?

¿Dónde necesitas gracia para ayudarte en el tiempo de necesidad?

Deja este libro.

Ve al Padre.

Como el niño que eres.

Apela a su compasión. Pide su gracia.

No importa dónde has estado o lo que hayas hecho recientemente. Incluso con el olor de la pocilga aún en tu aliento, el Padre ya está corriendo hacia ti, con los brazos extendidos y una sonrisa amplia. Y los cocineros ya se están preparando en la cocina para la fiesta.

Capítulo 4

«El Señor [Yahveh], el Señor [Yahveh], Dios compasivo y misericordioso, **lento para la ira** y grande en amor y fidelidad, que mantiene su amor hasta mil generaciones después y que perdona la maldad, la rebelión y el pecado; pero no tendrá por inocente al culpable, sino que castiga la maldad de los padres en los hijos hasta la tercera y cuarta generación».

Por qué anhelamos en realidad la ira de Dios

¡Vamos muy bien! La mitad del camino ya está recorrido, y lo mejor está por venir.

En este capítulo, hablaremos primero de anatomía humana,

luego de Daniel Day-Lewis,

después, de un profeta hebreo poco conocido,

luego trataremos puntos de ejes, calcomanías, Jesús volcando mesas,

y, por último, lo que todo esto significa para mañana por la mañana cuando nos levantemos de la cama.

¿Parece un buen plan? ¡Espero que sí!

Lo siguiente en la lista es «lento para la ira».

Este es divertido. En hebreo, se dice *erekapayim*, que literalmente significa «narices largas».

Es cierto, no me lo estoy inventando. Las narices de Dios son *larguííííísimas*, créeme.

Contrario a la opinión popular, no existe una traducción literal, palabra por palabra de la Biblia. Es imposible traducir directamente de un idioma a otro, especialmente de un lenguaje semítico antiguo como el hebreo a una lengua moderna.[1] Pero «lento para la ira» captura extremadamente bien el significado subyacente a esta imagen tan antigua.

Piensa en lo que pasa cuando pierdes los estribos: tu pecho respira profundamente y tus fosas nasales se ensanchan mientras lanzas tus palabras sobre tu víctima.

Pero…

Si eres *lento* para la ira, cuando te enojas, cierras la boca, aprietas los labios y respiras por la nariz.

Eres *erekapayim*.

Narices largas.

Lento para la ira.

Esta frase se usa dos veces en una colección de antiguos dichos hebreos llamada *Proverbios*. En cada ejemplo aprendemos más sobre este aspecto de Yahveh.

En Proverbios 14, leemos:

> El que es *erekapayim* muestra gran inteligencia;
> el que es agresivo muestra mucha insensatez.[2]

Aquí, el antónimo de «lento para la ira» es «agresivo» (te enojas rápidamente y con facilidad).

Hay un dicho similar en Proverbios 16:

> Más vale ser *erekapayim* que valiente;
> más vale el dominio propio que conquistar ciudades.[3]

En este versículo, el sinónimo de lento para la ira es «dominio propio», o lo que llamamos autocontrol. Si eres lento para la ira, no significa que no tengas sentimientos de frustración; es que no pierdes los estribos ni explotas cuando te alteras emocionalmente. Tienes control sobre tus sentimientos de frustración, ira e incluso rabia.

Así que la idea básica es: **puedes hacer enojar a Dios, pero realmente tienes que esforzarte para hacerlo.**

Ahora bien, hay dos caras en este aspecto del carácter de Yahveh…

Por un lado, Dios es *lento* para la ira.

A diferencia de los otros «dioses», Yahveh no tiene mal genio. No es volátil ni tenso, ni espasmódico. No se descontrola ni da un portazo, ni sale furioso de la casa en la versión divina de un berrinche.

Cuando la Biblia hebrea se tradujo al griego, los eruditos hebreos vertieron *erekapayim* en una palabra griega que significa «paciente». De hecho, las primeras traducciones al inglés usaban la palabra *long-suffering* [de larga paciencia]. Eso es aún mejor. Captura perfectamente la idea. Yahveh es paciente, tiene larga paciencia.

Hubo otra traducción antigua de la Biblia hebrea llamada Targum. Era una traducción al arameo, probablemente el idioma que Jesús hablaba de niño. Esta traducción era más una paráfrasis; eran libres y flexibles con el hebreo original. Pero me encanta cómo tradujeron Éxodo 34: Dios es «paciente, el que aleja la ira y acerca la compasión».[4]

En esta lectura, procedente de los tiempos de Jesús, la ira de Yahveh está *lejos*, pero su compasión está *cerca*.

Algo así como Daniel Day-Lewis.

No *lo* veías venir, ¿verdad?

¿Alguien ha visto la película *Lincoln*? La actuación de Lewis en ese filme es increíble. Me encanta la escena en la que el presidente está reunido con su gabinete, de noche, en la Casa Blanca. Quiere aprobar la Decimotercera Enmienda y poner fin a la plaga de la esclavitud, pero todo su equipo está en su contra, todos y cada uno de los miembros.

Él es la voz solitaria. Hay un momento dramático en el que sus colaboradores se gritan unos a otros como adolescentes hormonales, pero Lincoln está allí sentado en la cabecera de la mesa, tranquilo y sereno. La pelea interna se intensifica cada vez más hasta que, por fin, él *da un golpe* con el puño sobre la mesa y *grita*: «¡Ya no puedo seguir escuchando esto!».

El silencio cae sobre la sala. Porque la ira es algo sumamente ajeno a su carácter. Como te imaginarás, todos se callan y le escuchan.

Me encanta, porque cuando Lincoln acaba dejando salir su ira, lo hace a propósito, de manera deliberada y controlada. Y es adecuado. Es la respuesta emocional correcta.

Creo que ese momento capta muy bien el concepto de «lento para la ira».

No estoy seguro de cómo imaginas a Dios, pero si lo ves como alguien impredecible y listo para lanzarte un rayo en el momento en que cometes un error, Dios no es así. En absoluto.

Dios es *lento* para la ira.

Pero, por otro lado, Dios es lento para la *ira*.

Él sí se enoja. A veces se enoja *de verdad*. Esto es algo de lo que no nos gusta hablar, pero es necesario.

Mucha gente hoy día ha abandonado la idea de una deidad airada en el cielo como vestigio de una era premoderna y supersticiosa. Pero las Escrituras hablan de la «ira» de Dios más de *seiscientas veces*.

A continuación, algunos ejemplos…

En los *Salmos*, leemos:

> Dios es un juez justo,
> un Dios que cada día manifiesta su *enojo*.
> Si el malvado no se arrepiente,
> Dios afilará la espada
> y tensará el arco.[5]

¿Dios tiene una espada? ¿Un arco? ¿Un arsenal de armas? Tal vez por eso el profeta Habacuc ora: «en tu *ira*, ten presente tu misericordia».[6]

No quieres ponerte del lado malo de Dios.

El rey David dice lo siguiente acerca de Dios:

> …*aborreces* a todos los malhechores.
> Tú destruyes a los mentirosos
> y *detestas* a los asesinos y traidores.[7]

O en otro poema:

> El Señor [Yahveh] examina a justos,
> pero *aborrece* a malvados
> y a los que aman la violencia.[8]

¿Dios aborrece?

¿Detesta a las personas?

¡Pensaba que Dios es amor!

Bueno, observa *a quién* odia Dios: a los «malvados» y a «aquellos que aman la violencia». Imagina al terrorista en un centro comercial con bombas atadas a su pecho, al estafador que engaña a la anciana viuda, al político corrupto, al padre abusivo, al agresor sexual que se libra sin castigo, al pedófilo al que llaman «tío».

Cuando la gente me dice: «No puedo creer en un Dios de ira»,

yo les respondo: «*Sí,* sí puedes».

Cada vez que lees sobre una niña vendida a la prostitución por su propia familia, cada vez que escuchas sobre otro derrame de petróleo causado por una multinacional negligente y codiciosa, cada vez que te enteras de una violación, un asesinato o un genocidio, piensas para ti mismo: *Esto no debería ser así.*

Tienes razón. *No* debería ser así. No es la voluntad de Dios. No hay un plan secreto detrás de toda la injusticia en el mundo. Es maldad, simple y llana. Los «dioses» y los seres humanos están en guerra con Yahveh. Sí, Yahveh tiene un plan para transformar todo este desastre en algo bueno, pero sigue sintiendo el dolor de la guerra. Recuerda que Él es una *persona*, no una idea. Tiene sentimientos. Y *siente* ira por la maldad en el mundo.

Hay momentos en los que la respuesta emocionalmente madura y saludable ante el mal es la ira.

Aquí está mi definición favorita de la ira de Dios: «Su constante, implacable, inquebrantable e inflexible antagonismo hacia el mal en todas sus formas y manifestaciones».[9]

Observa que la ira de Dios es diferente en extremo a *nuestra* ira. Al menos, a gran parte de nuestra ira. Déjame esbozar algunos ejemplos…

Nuestra ira casi siempre proviene de un ego herido: alguien nos lastimó, nos hizo sentir estúpidos, se aprovechó de nosotros o no hizo lo que queríamos. Es inherentemente egoísta, incluso narcisista.

Pero la ira de Yahveh procede de un amor paternal por sus hijos; se enoja con un narcotraficante que trata de venderle droga a nuestros hijos o con el pequeño Jonny por correr constantemente al medio de la calle.

Nuestra ira suele ser injusta. Es desproporcionada con respecto a la ofensa. Pienso en la frase del teólogo Cornelius Plantinga: «Todos los disparos son fuego devuelto».[10]
Es decir, la historia humana es solo un ciclo interminable de violencia; él me golpea, entonces yo le doy una paliza; él incendió mi granero, pues yo maté a su esposa; estrellaron aviones contra nuestros rascacielos, pues nosotros invadimos su país, etc., etc. Aquí es donde el mandato en la Torá de «ojo por ojo, diente por diente» se adelantó miles de años a su tiempo.[11] La tendencia natural cuando alguien te pone un ojo morado es ponerle los *dos* ojos morados. Decimos que queremos justicia, pero por lo general lo que queremos es venganza. Piensa en cuánto nos gustan las películas de venganza, donde alguien desata una furia. Alguien secuestra a la hija de Liam Neeson (y *eso*, Sr. Neeson, fue una película

divertida…), ¿y qué hace él en respuesta? ¡Mata como a treinta hombres![12] Y nosotros lo disfrutamos.

La ira de Dios no es así; el castigo se ajusta al crimen. Hay una justicia que simplemente no podemos igualar.

Nuestra ira, o al menos la mía, estalla con rapidez. Es apresurada. No espera a que salga toda la historia o a dar una segunda oportunidad. Es *im*paciente.

Mientras que la ira de Yahveh va a tiempo. Espera pacientemente. Se acumula hasta el momento y el lugar adecuados.

Por tanto, esto es lo que hemos cubierto hasta ahora: Dios sí se enoja, pero es algo poco común. Su base es ser «compasivo y misericordioso, *lento para la ira*».

DOS: Historias

Echemos un ojo a otra historia en la que se cita el pasaje de Éxodo 34:6-7, y veamos cómo se desarrolla esta idea. Para hacerlo, volvamos a la ciudad de Nínive, pero esta vez con un profeta llamado Nahúm.

Como mencioné en el capítulo anterior, Nínive era la capital de Asiria, un imperio bárbaro y opresivo que se extendía por todo Oriente Medio. Yahveh envió al profeta Jonás para advertir a los asirios sobre la destrucción inminente.

Y en un giro extraño, ellos *naham*. Se arrepintieron.

Pero como Yahveh es una persona y *responde*, a su vez Él *naham*. Cambió de opinión y perdonó a la ciudad.

Y la historia termina en una nota semifeliz. Jonás está lejos, haciéndose el enojado, pero los habitantes de Nínive están vivos y bien.

Avancemos ciento cincuenta años hasta el profeta Nahúm. La historia contada en su libro, uno breve y poco conocido que aparece casi al final del Antiguo Testamento, tiene lugar en la misma ciudad, unas generaciones después. Trágicamente, los habitantes de Nínive han vuelto al mal. En contexto, acaban de someter a diez de las doce tribus de Israel a la esclavitud, matando al pueblo de Dios y dejando el norte de Israel en un montón humeante.

Y la paciencia de Yahveh finalmente ha llegado a su límite. Nahúm escribe:

> El SEÑOR [Yahveh] es un Dios celoso y vengador.
> El SEÑOR [Yahveh] de la venganza, Señor de la ira.
> El SEÑOR [Yahveh] se venga de sus adversarios;
> es implacable con sus enemigos.
> El SEÑOR [Yahveh] es *lento* para la ira,
> pero grande en poder.
> El SEÑOR [Yahveh] no deja sin castigo al culpable.[13]

Para aclararlo, esa es una cita de Éxodo 34:6-7.

Interesante. Éxodo 34 se cita con referencia a Nínive *dos veces*. La primera, después de que Yahveh perdonara a la ciudad. La segunda, cuando Yahveh finalmente se cansó.

¿Qué significa esto?

Significa que Yahveh es compasivo, clemente y lento para la ira. Esa es su *naturaleza*; así es como está hecho. Pero llega un momento en el que Dios dice: «Ya basta. No más violencia. No más injusticia. No más matar, violar, robar y esclavizar. Estoy harto del mal. Se acabó».

Hay una frase en las Escrituras sobre la «medida completa» del pecado.[14] Normalmente se usa para describir por qué Yahveh retrasa su juicio. Es como si Dios tuviera un umbral. Cuando el pecado cruza esa línea, Su ira finalmente despierta como un gigante dormido, y pone fin a todo.

Pero aquí está lo fascinante de la historia de Nínive: hasta donde sabemos, Nínive no fue destruida por un «acto de Dios», como un tsunami extraño, una plaga urbana o un fuego del cielo. Fue destruida por Babilonia, una potencia mundial emergente del sur.[15] Y por destruida, quiero decir, arrasada por completo. Hasta el día de hoy, solo quedan escombros.

¿Conoces a algún ninivita?

Exacto.

Piensa en lo que esto significa. Significa que la derrota de Nínive a manos de un ejército pagano es un ejemplo de la «ira» de Yahveh.

Desglosémoslo: **puedes rastrear la ira de Yahveh a lo largo de cuatro puntos de referencia: presente, futuro, activa y pasiva.**

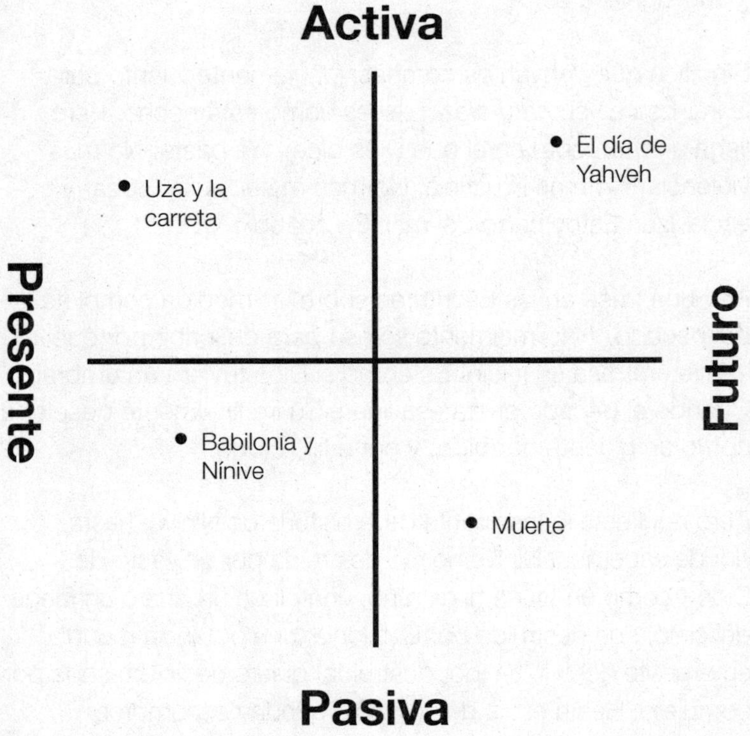

Primero, presente y futuro…

La **ira presente** de Yahveh es la que se produce cuando se enfrenta al mal ahora, a *este* lado del día del juicio, como lo hizo con Nínive. Es cuando no espera un juicio posterior a la muerte. Él interviene *ahora* y detiene el mal de inmediato. Ocurre cuando personas vivas, que respiran, o incluso naciones enteras, caen bajo la disciplina y el castigo de Yahveh.

Sin embargo, es raro. No pasa muy a menudo.

La **ira futura** de Yahveh es la que ocurre cuando se enfrenta al mal *más tarde*, en lo que los escritores hebreos llaman el *día de Yahveh*, el día que está en el horizonte, cuando finalmente, después de milenios de espera, todos los males de la historia humana sean deshechos.

Como sabemos, el siglo XX ha sido el siglo más sangriento de la historia. ¿Por qué fue así? Karl Marx afirmó que «la religión es el opio del pueblo».[16] Para Marx, el camino de Jesús era una ilusión tonta. Pero años después, luego del ascenso y la caída del fascismo y del comunismo, y luego de ver el genocidio y la violencia traídos por las ideas de Marx, el poeta polaco Czesław Miłosz argumentó que «el verdadero opio para el pueblo es la creencia en la nada después de la muerte; el enorme consuelo de pensar que no seremos juzgados por nuestras traiciones, codicia, cobardía, asesinatos».[17]

El mundo moderno se equivoca: *vamos* a ser juzgados.

Pero para los escritores de la Biblia, así como para maestros como Jesús, este catastrófico «día de Yahveh» es algo malo *o algo bueno*, dependiendo de tu posición ante Dios.

Si eres el justo, hombre o mujer en buena relación con Dios, la humanidad y la tierra misma, entonces *esperas con ansias* el juicio. Especialmente si eres el oprimido. Finalmente, todo el mundo será puesto en su lugar.

Pero si eres el malvado, el opresor, si rechazas a Yahveh y su misericordia, si dices no a su manera de vivir, entonces este día debe servir como una advertencia aterradora.

Porque Dios no es cruel, pero sí es peligroso. Como la gravedad, el poder nuclear o un huracán; quieres asegurarte de estar del lado correcto de las cosas.

Porque la ira futura de Dios está llegando.

Por tanto, *presente* y *futuro*.

Luego, *activa* y *pasiva*.

La ira activa es cuando Dios *actúa* (directamente) para poner fin al mal. Es como si una mano de Dios, invisible pero real, bajara en juicio.

El Antiguo Testamento relata una ocasión en que los israelitas debían trasladar el arca del pacto a Jerusalén. El arca era una señal visible del poder y la presencia de Yahveh ante su pueblo, el objeto más santo en el mundo de Israel. Aun así, no la tomaban en serio. Dios les ordenó llevar el arca sobre varas para que nunca la tocaran directamente. En su lugar, la pusieron en un carro filisteo. Más fácil. Más rápido. Mejor. ¿Verdad? Pero al pasar por un bache, un sacerdote llamado Uza extendió su mano para evitar que el arca cayera del carro. Y leemos que «la ira del Señor se encendió contra Uza por su atrevimiento y lo hirió de muerte, de modo que Uza murió junto al arca de Dios».[18]

Eso es ira activa. Pecas de manera egregia, y al momento siguiente ya no estás respirando.

Y no pienses que esto es «solo algo del Antiguo Testamento». Hay una historia semejante en Hechos 5 sobre los primeros seguidores de Jesús. Un hombre le miente a Pedro (y a Dios) con respecto a vender una propiedad y dar todo el dinero a los pobres. ¿Y qué pasa? *Se cae muerto en el acto.* Luego, unas horas después, su esposa entra y dice la misma mentira, y ella también cae muerta. Romántico, ¿verdad?

Esto es lo que necesitas entender: las historias sobre Dios matando a personas son las que más atención reciben; son material para blogueros desilusionados que están enojados con el Dios en el que no creen. Lo entiendo. Pero *apenas hay* historias de ese tipo en la Biblia. La ira activa es la excepción a la regla. La mayoría de las veces es ira pasiva.

La ira pasiva es la que ocurre cuando Dios *no* actúa, y *esa es la sentencia*. Y así es como Yahveh suele tratar con el mal.

Por ejemplo, en las Escrituras, el juicio de Dios a menudo se parece a un ejército invasor, Babilonia que viene a destruir Nínive o, unas décadas después, a destruir Jerusalén. Pero Babilonia era la potencia mundial emergente; habrían ido a la guerra contra Nínive e Israel con o sin el empujón de Yahveh. Lo único que Dios tenía que hacer era retroceder y quitar su protección.

Incluso en la historia de mi propia nación, Abraham Lincoln declaró públicamente que pensaba que la Guerra Civil era el juicio de Dios sobre Estados Unidos debido a la esclavitud. En su segundo discurso inaugural, después de preguntar cómo reconciliar el horror de la guerra con los «atributos divinos» de Dios, su respuesta fue que la guerra continuaría «hasta que toda la riqueza acumulada por los doscientos cincuenta años de trabajo no remunerado del esclavo [fuera] hundida, y hasta que cada gota de sangre derramada con el látigo [fuera] pagada por otra derramada con la espada, como se dijo hace tres mil años, así debe decirse aún "Las ordenanzas del Señor son verdaderas: todas ellas son justas"».[19]

¡Qué fascinante teoría sobre la Guerra Civil! Supongamos que tenía razón: ¿Hizo Yahveh que los estadounidenses se mataran entre ellos? Ni remotamente. Él mandó: «Ama a tu enemigo». Amar a tus compatriotas es algo esperado. La Guerra Civil fue una desobediencia flagrante y descarada a las enseñanzas de Jesús. No obstante, ¿es posible que, aun así, fuera una expresión de la ira de Dios sobre la esclavitud? No sé si la hipótesis de Lincoln era correcta o incorrecta. Lo que sé es que suena mucho a los relatos que leemos sobre la historia de Israel.

Ahora bien, para arrastrar esto de la historia de las naciones hasta nosotros, la ira pasiva de Dios ocurre cuando Él no actúa para evitar que caigamos en el mal. Por lo general tiene lugar cuando permite que nos equivoquemos a lo grande en nuestra vida.

En la carta a los Romanos, Pablo escribe sobre la ira de Dios, sobre la espiral descendente hacia la bancarrota moral y el sabotaje social en la Roma del siglo I. Observa que repite una y otra vez esta frase:[20]

«*Dios los entregó* a los malos deseos de sus corazones, que conducen a la impureza sexual...».

«*Dios los entregó* a pasiones vergonzosas...».

«*Dios los entregó* a la depravación mental...».

Hay momentos en los que Dios dice: «Está bien, hazlo a tu manera». Él retira su mano de bendición y protección sobre tu vida, da un paso atrás y dice: «Ahora estás solo. Buena suerte».

Y Nínive es destruida por Babilonia.

Y tu cuerpo es destrozado por las drogas.

El escándalo estalla.

Te despiden por hacer trampa.

Tus hijos crecen para odiarte.

Tu matrimonio se destruye por una aventura.

Por ejemplo, pensamos que cuando un hombre está atrapado en una aventura, esa es la ira de Dios. No lo es. Es la misericordia de Dios. *La ira de Dios es cuando se sale con la suya.* Y su corazón se deforma tanto que ya no queda nada que pueda volver a dar o recibir amor.

Si tu corazón es terco, frío o está en rebelión abierta contra Yahveh, entonces lo peor que Dios puede hacer es darte lo que quieres y dejar que todos tus deseos se hagan realidad.[21]

Sé que esto es serio, pero quédate conmigo. Ya casi estamos terminando con lo más difícil.

Resumiendo, la ira de Yahveh es:

presente,

futura,

activa,

y pasiva.

Pero aquí está la verdad reveladora: la mayoría de la ira de Dios es *presente/pasiva* o *futura/activa*. Es decir, un día Dios actuará de manera decisiva para poner fin al mal para siempre. Pero mientras tanto, la manera como Dios maneja el pecado en general es dando un paso atrás y dejando que el mal se autodestruya.

Resulta que el pecado es su propio castigo, y la obediencia su propia recompensa.

Aquí está el punto clave de este capítulo: ¡Yahveh esperó *ciento cincuenta años* antes de entregar a Nínive! Sinceramente, si yo fuera Yahveh (y gracias a Dios no lo soy), en primer lugar, dudo que hubiera enviado a Jonás. Pero Yahveh le dio a la ciudad una oportunidad tras otra.

Porque Yahveh es lento para la ira.

Antes de pasar a Jesús, necesitamos aclarar algo. Vivimos en una época *sumamente* diferente al segundo milenio a. C. Nuestro mundo está secularizado hasta la médula; la mayoría de las personas son completamente ajenas a la dimensión espiritual del universo. Pero Éxodo 34 se escribió en un mundo lleno de «dioses» y «diosas» y, como mencioné antes, la mayoría de ellos eran malintencionados. Decir que tenían problemas de control de la ira sería quedarse bastante corto. Muchos de ellos eran abiertamente hostiles y malignos, acechaban en las sombras, y esperaban la oportunidad para atacar.

En *este* tipo de mundo es donde Moisés aprende que Yahveh es compasivo y misericordioso, *lento para la ira.* Esta habría sido una visión increíblemente novedosa de la divinidad.

De hecho, el principal problema que los redactores de las Escrituras tienen con la ira de Yahveh es que ¡no se enoja con más frecuencia! Están mucho más frustrados con la misericordia de Dios que con su ira. Observan la abrumadora cantidad de injusticia en el mundo y expresan su angustia ante Dios.[22] Una de las oraciones más frecuentes en la Biblia es: «¿Hasta cuándo?».[23] Los profetas, reyes, políticos, agricultores y pastores que escribieron la Escritura no tienen dudas de que, algún día, Yahveh llevará el mal a su conclusión lógica. Lo que no pueden entender es por qué tarda, por qué la justicia suele llegar en la próxima vida y no en *esta*.

La cuestión es que vivimos en un entorno cultural radicalmente diferente. Mayormente, tenemos el problema *opuesto* con la ira de Yahveh. Nacimos en medio de un cambio tectónico en la forma en que los occidentales piensan acerca de Dios.

Muchas personas han abandonado la narrativa de «Dios está enojado» y simplemente la han reemplazado por la opuesta: «Dios nunca se enoja».

Como seguidores de Jesús, cuando leemos estas historias sobre la ira, el juicio o el enojo de Yahveh, sentimos que debemos disculparnos con nuestros amigos, explicarlas o esconder esta parte socialmente inaceptable de Dios, como si Yahveh necesitara un poco de ayuda en relaciones públicas para sobrevivir en el mundo moderno.

La imagen de un Dios enojado está pasada de moda. Hemos avanzado, evolucionado hacia un mundo más progresista. Es hora de actualizar a Yahveh para el siglo XXI.

Y con este intento de redefinir a Dios, llega un movimiento aún más inquietante: la redefinición del amor. Para muchas personas, el amor ha llegado a significar tolerancia.

Piensa en las expresiones comunes de nuestra cultura:

«¡Eh!, lo que es bueno para ti, es bueno para ti».

«¿Quién soy yo para juzgar?».

«Vive y deja vivir».

No puedo evitar pensar: *¿En serio? ¿Dirías eso sobre un terrorista de ISIS? ¿Sobre un asesino desquiciado que entra* *a una escuela de primaria con una ametralladora? ¿Sobre un pedófilo?*

Supongo que *no*. Así que, claramente, incluso en nuestro mundo posmoderno, la tolerancia tiene un límite. Hay una línea, solo que no nos ponemos de acuerdo en dónde trazarla.

Ten en cuenta que existen dos versiones de la tolerancia. *La tolerancia clásica* es la idea de que podemos estar en desacuerdo sin matarnos unos a otros o ir a la guerra por algo trivial. Esto fue un gran avance en la evolución social, y estoy completamente a favor de ello.

Pero *la tolerancia moderna* es una idea mucho más reciente, que sostiene que el bien y el mal son flexibles. En esta visión, señalar la acción de alguien como pecado es «juzgarlo». Estar en desacuerdo con alguien es odiarlo. Por ejemplo, si no estás de acuerdo en temas de sexualidad, no importa lo amable, considerado o inteligente que seas: enseguida te etiquetan de «intolerante». Pero todos sabemos que eso es absurdo. Estar en desacuerdo con alguien es tan solo eso: *estar en desacuerdo*.
Mi esposa y yo no estamos de acuerdo en muchas cosas, pero nos amamos profundamente.

Mi punto es que el amor y la tolerancia no son lo mismo.

El ganador del Premio Nobel de la Paz, Elie Wiesel, declaró: «Lo opuesto al amor no es el odio, es la indiferencia».[24]
En algún punto, la tolerancia comienza a deslizarse peligrosamente hacia la apatía.

El amor (al menos el tipo de amor del que Jesús habló) a menudo conduce a la ira. Nos enojamos por las cosas que nos importan profundamente, por aquello por lo que sentimos pasión.

Este es el tipo de ira que vemos en Yahveh: una ira paciente, justa y desinteresada, que nace del amor. Una ira que proviene de un Padre que se preocupa por sus hijos.

A pesar de todos los intentos modernos por redefinir a Dios y hacerlo encajar en el mundo occidental, si vamos a tomar en serio las Escrituras, entonces también debemos tomar en serio esta parte.

TRES: Jesús

Demos un paso adelante hacia Jesús. A menudo, este intento de redefinir a Dios como progresista y el amor como simple tolerancia se basa, supuestamente, en las enseñanzas de Jesús.

Recientemente escuché a un predicador afirmar: «El mensaje de Jesús fue un amor inclusivo para todos».

¿De verdad?

El evangelista Marcos resume el mensaje de Jesús de esta manera: «El reino de Dios está cerca. ¡Arrepiéntanse y crean las buenas noticias!».[25]

El mensaje central y global de Jesús fue que lo que Él llamaba el reino de Dios, la tan esperada era de paz, justicia y sanidad para la humanidad y el cosmos entero, finalmente estaba irrumpiendo a través de su vida. Que Yahveh estaba a punto de convertirse en el Rey del mundo y guiar a la humanidad hacia una nueva y gloriosa etapa de desarrollo. Por lo tanto, es necesario que nos *arrepintamos*, que nos pasemos a su lado, para que podamos entrar y disfrutar de esta nueva realidad.[26]

De hecho, en contra de todos los clichés sobre Jesús y el amor, Él habla más sobre el juicio venidero que *cualquier otro* maestro en el Nuevo Testamento. Fue uno de sus temas principales. Constantemente advierte a Israel y lo llama al arrepentimiento en vista del inminente día de Yahveh.

La caricatura de Yahveh como el «Dios enojado y violento del Antiguo Testamento» y de Jesús como una especie de Mr. Rogers con barba, simplemente no se sostiene.

Una historia en particular capta esta realidad de manera profunda. En ella, Jesús va al templo de Jerusalén. Para los judíos del siglo I, el templo era el punto de conexión entre el cielo y la tierra, un espacio sagrado. Pero lo que Jesús encuentra allí es más que perturbador. Los sacerdotes se habían convertido en la aristocracia de la época y estaban aliados con Roma. Los líderes espirituales de la nación se habían corrompido. Es una historia trágica que hemos visto repetirse cientos de veces.

Esto es lo que hacían: llegabas al templo con —digamos— un cordero para sacrificar a Yahveh. Tal vez habías caminado dos o tres días desde tu aldea solo para llegar allí. Traías un buen cordero, uno de los mejores, porque la Torá decía que el sacrificio debía ser «sin defecto».[27] Pero el sacerdote inspeccionaba tu cordero y decía: «Lo siento, pero tu cordero no es lo bastante bueno. *No obstante...* resulta que tenemos uno a la venta que ya ha sido preaprobado». Y, por supuesto, te lo vendía a un precio exagerado.

O supongamos que venías de Roma o de Alejandría, un viaje mucho más largo. En lugar de traer un cordero, traías dinero para comprar un sacrificio en Jerusalén. Después de todo, ¿quién quiere caminar cientos de millas con una cabra? No es muy divertido.

Pero cuando llegabas al templo en Jerusalén, los cambistas te decían: «Lo siento, pero los sacerdotes no aceptan moneda romana aquí. Tienes que pagar con la moneda del templo». Y, como eran el único banco en la ciudad, podían cobrarte una tasa de cambio exorbitante.

Entonces, ¿qué hace Jesús? Se enoja. Y *mucho*. Toma un látigo (sí, es una historia real) y empieza a expulsar a los cambistas del templo, volcando mesas, tirando dinero y animales al suelo, y gritándole al liderazgo religioso: «¡Saquen esto de aquí! ¡No conviertan la casa de mi Padre en un mercado!».

El evangelista Juan cierra la historia con una línea poderosa: «Sus discípulos se acordaron de que está escrito: "El celo por tu casa me consumirá"».[28]

¿Es así como te imaginas a Jesús? ¿Con un látigo en la mano, fuego en los ojos, volcando mesas y gritando a los cambistas mientras ellos se agachan para cubrirse y salen corriendo hacia el estacionamiento?

Esta es una de esas historias que solemos saltarnos en la escuela dominical…

Yo crecí en los años 80. Ajá. ¿Alguien recuerda el franelógrafo?[29] Esta historia nunca apareció en él. Teníamos a Jesús el Buen Pastor, Jesús caminando sobre el agua, Jesús con los niños; pero nunca tuvimos a Jesús con ojos encendidos de ira, con un arma en la mano y saliva cayendo de su barbilla mientras confrontaba la corrupción.

No, esa historia nunca apareció.

Pero tiene sentido. Jesús se está enfrentando a una injusticia nauseabunda. Y está furioso. *¿De qué otro modo se supone que debe sentirse?* La ira es la respuesta madura y emocionalmente saludable ante este tipo de corrupción y grave profanación del nombre de Yahveh.

Sin embargo, debes observar: esta historia ocurre al final de la vida de Jesús, justo antes de la cruz.[30] De hecho, es una de las principales razones por las que es arrestado y luego crucificado. No puedes desafiar el *statu quo* de la jerarquía religiosa y seguir con vida. Jesús había estado en el templo docenas de veces, por no decir *cientos*. Había estado yendo allí desde que era un niño. No es como si entrara sin más, viera el fraude de los cambistas y perdiera el control en un ataque de ira repentino. Nada en esta historia es impulsivo. No, esta es una ira pensada, deliberada, intencional.

Un juicio. Un ajuste de cuentas. Una raya en la arena.

Después de *años* de llamar a Israel al arrepentimiento, Jesús dice: «¡BASTA!».

Este puede ser un Jesús realmente diferente al que estás acostumbrado. Un Jesús amoroso, pero que aún se enoja y no tiene miedo de impartir juicio.

Es necesario que vivamos en la tensión entre el amor y la ira. La mayoría de nosotros pensamos en el amor y en la ira como cosas incompatibles. ¿Cómo puedes amar a alguien *y* estar enojado con él? Eso solo muestra lo mucho que aún tenemos que aprender sobre el amor.

En Jesús vemos que la ira de Yahveh *nace de su amor*. La verdad es que, si no te enojas ocasionalmente, no amas. Cuando ves sufrir a alguien a quien amas, deberías conmoverte emocionalmente. Y esto debería conducirte a la acción, a hacer algo al respecto.

Por eso el amor de Yahveh es un atributo, pero su ira no lo es. Las Escrituras enseñan que «Dios es amor»,[31] pero nunca leemos «Dios es ira». La ira, o el enojo, es la *respuesta* de Yahveh al mal en el mundo.

La historia de Jesús en el templo, expulsando a los burócratas corruptos con un látigo casero, es un adelanto de lo que está por venir, un vislumbre del horizonte. Llegará un día cuando

Jesús entierre el mal dos metros (seis pies) bajo tierra. Un día cuando por fin el mundo sea libre. Y por el amor de Jesús, *y por su ira*, su antagonismo apasionado contra el mal en todas sus formas, podemos esperar con ansias este futuro glorioso.

CUATRO: Nosotros

Desconozco de qué lugar del mapa procedes, si eres progresista o conservador, creyente o agnóstico, si amas la Biblia o si no la soportas. Evidentemente, este es un tema espinoso del que hablar, y estoy seguro de que he incomodado a algunos de ustedes. Pero vamos a llevar todo esto a nuestra relación con el Dios Creador.

Tal vez necesitas escuchar que Yahveh es *lento* para la ira…

Tal vez, como yo, tienes esa sensación subconsciente, molesta, en el fondo de tu cabeza, de que Dios solo está esperando a que te equivoques para descargarse sobre ti. El arma está lista y estás en su punto de mira.

Lo más probable es que crecieras en un ambiente conservador, religioso, «cristiano», o que tu personalidad sea introspectiva y sensible. Ambas son ciertas para mí.

O tal vez creciste en un hogar lleno de ira y esta visión de un Dios cuyo sentimiento fundamental hacia ti es la misericordia suena demasiado buena para ser cierta. En lo único que piensas es en tu papá gritándote desde el pasillo que ordenes tu cuarto o si no…

O tal vez no sea tu caso en absoluto. Creciste fuera de los muros de la iglesia y procedes de una buena familia. Para ti, el problema es que simplemente no puedes poner en orden tu vida. Hay un pecado en tu vida, una inclinación hacia lo que sabes que está mal. Es como un surco en el camino; no importa lo mucho que lo intentes, sigues resbalando y quedándote atascado en el barro. Estás avanzando con lentitud, pero, cielos, va despacio. Y tienes miedo de que Dios esté molesto contigo.

Por favor, escuchen bien todos ustedes que Dios es *lento* para la ira. Es paciente. Ve tu futuro, quién estás *llegando a ser*. Y, como un padre, o incluso una madre, te está guiando y llamando a avanzar paso a paso hacia tu destino.

Tal vez necesitas escuchar que Dios es lento para la *ira*...

Hace años abandonaste la idea de un Jesús enojado. Adoras en el altar de la tolerancia y el individualismo. No te afecta en lo más mínimo que nuestra sociedad se aleje cada vez más de la anarquía moral. Para ti, Dios es más como un padre permisivo. ¿Tuviste algún amigo en la secundaria cuyos padres fueran relajados en extremo? Le permitían beber, fumar marihuana, tener sexo con su pareja en el piso superior, faltar a la escuela. Eran de «mente abierta». Solía pensar: *Vaya, qué guay.* Pero ahora, como pastor que lidia con las consecuencias de ese tipo de crianza en tantas vidas, veo la verdad evidente: eso *no* está bien, en absoluto.

¿Pero es así como imaginas a Dios? ¿Con un encogimiento de hombros liberal ante la vida?

¿Será que le das valor al amor como tolerancia e, incluso, a la visión progresista del mundo porque, en parte, te da un pase libre para hacer lo que quieras? ¿Para ser tu propio dios?

¿No «juzgar» a los demás te da un cheque en blanco para pecar y no sentir culpa por ello? ¿Mientras sea socialmente aceptable?

¿Y tu visión de Jesús y su Padre está basada en los cuatro Evangelios? Me asombra la cantidad de personas que expresan opiniones sobre Jesús drásticamente en desacuerdo con lo que Mateo, Marcos, Lucas y Juan tienen que decir. ¿*Realmente* los has leído, lentamente y en profundidad? ¿Has creado espacio para que Jesús lo llene con su realidad? ¿Estás permitiendo que Él defina tu visión de Dios?

¿O tu visión de Dios, a quien Jesús llamó Padre, surge de otra fuente? ¿Una más occidental, más «evolucionada»?

¿Estoy tocando algún punto próximo a ti?

Dios no es un padre permisivo; tampoco es un papá iracundo y desagradable. Es un buen Padre, compasivo, lleno de gracia, y lento para la ira.

Y recuerda, tu forma de pensar respecto a Dios moldeará cómo te relacionas con Él y el modo en que te relacionas con otras personas. Al fin y al cabo, *nos relacionamos como nos relacionamos*.[32] Nuestra manera de relacionamos con las personas cercanas a nosotros es probablemente un buen termómetro para saber cómo nos relacionamos con Dios.

Si sueles enojarte con frecuencia, ¿podría ser que tu propia historia esté distorsionando tu visión de Dios? ¿O será que aún no has adoptado este aspecto del carácter de Dios?

Ahora volvamos a Éxodo 34 y a imitar a Dios.

Yahveh es lento para la ira, así que nosotros *debemos* ser lentos para la ira.

¿Lo eres tú?

¿Lo soy yo?

Con toda sinceridad, no. Si le preguntaras a mi esposa, a mis hijos o a mis amigos cercanos cuál es mi mayor defecto, supongo que hablarían de mi impaciencia y de mi temperamento. Tengo problemas con la ira.

Empiezo a darme cuenta de esto. Los últimos años fueron un poco difíciles. Llegué a un muro emocional con mi trabajo. Estaba liderando una iglesia grande con un equipo enorme, además de enseñar y escribir, y todo ello mientras tenía una familia joven y una vida ajetreada. El estrés era paralizante. Comenzó a exponer grietas en mi madurez y, en resumen, me quemé. Llegué a mi límite. Lo pasé. Me desplomé.

Me encontré con un período sabático de tres meses, con el espacio para echar un vistazo profundo a mi vida hasta ahora, y la oportunidad única de reiniciar mi historia, empezar de nuevo y hacer en adelante las cosas de manera diferente.

Así que me reorganicé (por cierto, es algo que recomiendo encarecidamente), reduje mis horas *drásticamente* y convertí el descanso semanal en algo innegociable. Luego profundicé más. Inicié una terapia. Madre mía, es increíble. Tuve una serie de conversaciones difíciles, pero buenas, con mi comunidad. Y leí muchísimo. Uno de los libros más transformadores para mí fue sobre salud emocional.[33] Básicamente, trataba sobre personas que, como yo, lideran iglesias y aman a Jesús con honestidad, pero están tan emocionalmente desequilibradas que eso genera un ambiente poco saludable para ellos mismos y para las personas a las que lideran.

Mientras leía el capítulo sobre la familia de origen, me di un pequeño espacio para preguntarle a Dios: «¿Cuáles son los pecados generacionales que yo arrastro? ¿Hay algo ante lo que esté cegado? ¿Puntos débiles de mi carácter de los que ni me percato?».

De inmediato el Espíritu me provocó la sensación de que tengo un problema con la ira.

En retrospectiva, esto es obvio, pero en ese momento fue un pensamiento del todo nuevo para mí. Y cuando comencé a procesarlo con mi esposa y con mi terapeuta, afloró con claridad: sí, tengo un problema con la ira.

Pero esta es la razón por la cual me costó tanto darme cuenta: mi ira no es ese tipo de ira que grita, vocifera y pega un golpe en la pared; por eso se mantuvo fuera del radar durante tantos años. Quiero decir, soy vegetariano y pacifista; ¿Cómo de violento podría ser en realidad? Mi ira es una ira interna y palpitante que se filtra como «crítica constructiva», humor cruel y comentarios sarcásticos hacia las personas más cercanas. Gente como mi esposa. Mis hijos. Mi comunidad. Y este pecado causa estragos en mi vida. Deja un desastre sangriento por el camino, destruye la confianza y quebranta la intimidad.

Ahora lo veo. Estoy trabajando en ello. Y la buena noticia es que Jesús me está cambiando. Lentamente, por supuesto. ¡Ojalá lo hiciera más rápido! Pero los elementos fundamentales de la personalidad no cambian en unos pocos meses.

Requiere años. Pero estoy en una trayectoria, me alejo de la ira y me acerco a la misericordia. Me queda mucho por recorrer, pero siento que voy en la dirección correcta.

Tal vez para ti el punto débil no sea la ira; puede ser la codicia, la glotonería, el chisme, el porno, la preocupación o las apuestas ilegales en carreras de hámsteres. Lo que sea. Nacemos en formas y tamaños diversos, y lo que es un paseo por el parque para una persona puede resultar insoportable para otra.

Sin embargo, *todos* tenemos una brecha.

Entre *quiénes* somos y *quién* es Dios.

Entre nuestra forma de vivir y el camino de Jesús.

Seguir a Jesús consiste en cerrar esa brecha, paso a paso.

Para concluir, uno de mis pasajes favoritos en el Nuevo Testamento es una carta de Santiago, el hermano de Jesús. Empieza su carta advirtiendo: «Todos deben estar listos para escuchar, pero no apresurarse para hablar *ni para enojarse*; pues el enojo de una persona no produce la vida justa que Dios quiere».[34]

Luego, en el capítulo 5, empieza a aludir y a citar de Éxodo 34:

«Miren cómo espera el agricultor a que la tierra dé su precioso fruto y con qué paciencia aguarda…».

«Así también ustedes… aguarden con *paciencia* la venida del Señor, que ya se acerca».

«Tomen como ejemplo de sufrimiento y de *paciencia* a los profetas…».[35]

Y al final de su sección sobre paciencia en el sufrimiento, escribe: «El Señor es muy *compasivo y misericordioso*».[36]

Se pierde en la traducción, pero esa es una cita de Éxodo 34:6.

Ah, y ¿mencioné que el contexto de esta carta son las relaciones? Él no está escribiendo sobre la paciencia hasta que te gradúes, consigas el ascenso, tengas hijos o finalmente llegues a la siguiente etapa de la vida. Está escribiendo sobre las personas con las que no te llevas bien, que no te caen bien, y con las que te frustras con regularidad.

A continuación, añade un último mandamiento: «No se quejen unos de otros, hermanos, para que no sean juzgados. ¡El Juez ya está a la puerta!».[37]

Así que todo este pasaje trata sobre cómo tratamos a las personas que provocan en nosotros las ganas de quejarnos. Que nos hacen enojar.

Pero fíjate en su lógica. Para Santiago, el «Juez ya está a la puerta». Esto significa que estamos casi en el día en que Yahveh juzgará por fin a la tierra, cuando cada ser humano que haya vivido se comparecerá ante su Creador, y Dios mismo pondrá cada error en su lugar. Está por llegar. Cualquier día, a cualquier hora.

Y porque muy pronto Yahveh enderezará todo lo torcido, *nosotros no tenemos que hacerlo*.

Damos lugar a una ira sana, al estilo de Yahveh, frente a la injusticia, sí, y hacemos algo al respecto; pero dejamos ir el deseo torcido de venganza de nuestro corazón.

Yahveh es el juez, no nosotros.

Nuestro trabajo es simple: ser como Yahveh.

Compasivos,

llenos de misericordia,

y *lentos para la ira*.

Capítulo 5

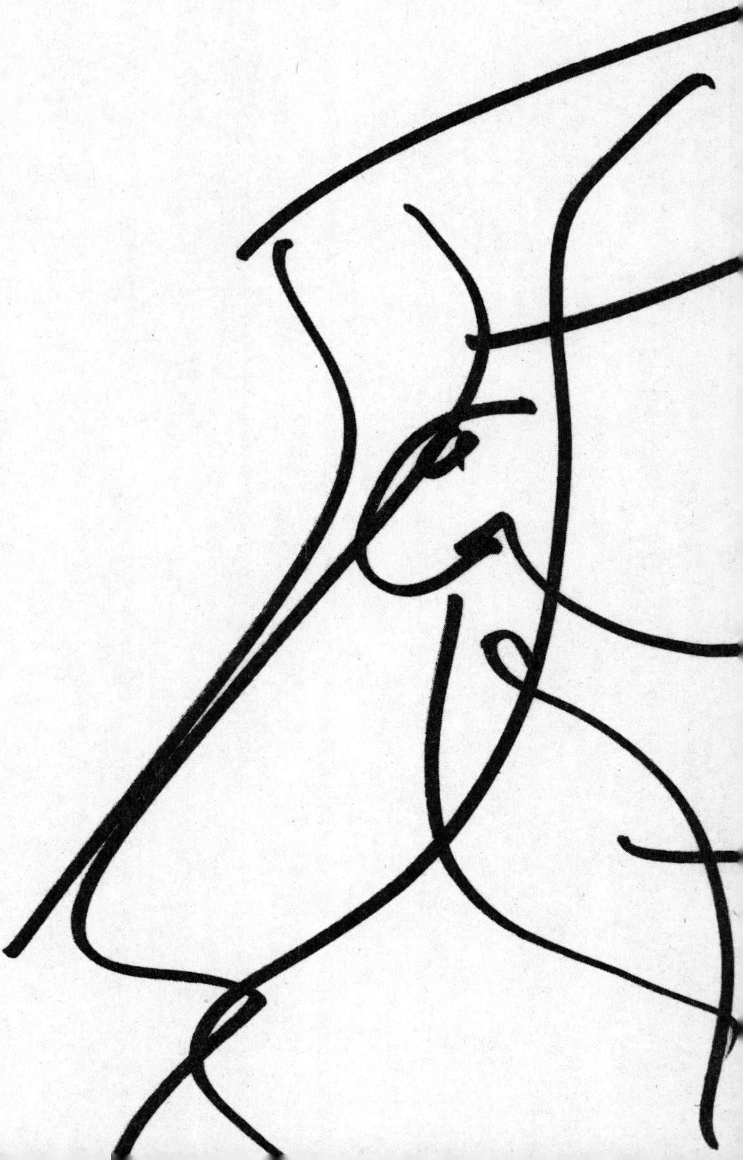

«El Señor [Yahveh], el Señor [Yahveh], Dios compasivo y misericordioso, lento para la ira y **grande en amor y fidelidad**, que mantiene su amor hasta mil generaciones después y que perdona la maldad, la rebelión y el pecado; pero no tendrá por inocente al culpable, sino que castiga la maldad de los padres en los hijos hasta la tercera y cuarta generación».

Larga obediencia en la misma dirección en una era de gratificación instantánea

Cada viernes por la mañana, mi esposa y yo subimos a nuestras bicicletas y salimos a desayunar. Luego paramos a tomar café. Yo tengo los viernes libres, y los niños están en la escuela, así que se ha convertido en nuestra cita semanal. Es el tiempo predeterminado cada semana para ponernos al día, sincronizar nuestros corazones, reír, pelear, hacer las paces y hablar sobre las cosas que importan.

Este último viernes conversamos sobre nuestro próximo aniversario: estamos a punto de cumplir quince años. Es mucho tiempo, ¿verdad? Así lo sentimos.

Nos casamos demasiado jóvenes (ella tenía diecinueve y yo apenas veintiuno) y, honestamente, no ha sido fácil. A esa edad no teníamos ni idea de dónde nos estábamos metiendo. No tardamos mucho en darnos cuenta de lo evidente: somos dos personas *extremadamente* diferentes, de dos familias de origen demasiado diferente, con dos formas *muy* distintas de vivir la vida. Los polos opuestos se atraen, es cierto. Lo complicado viene después.[1]

Así que los primeros años fueron difíciles. Pese a ello, alrededor del séptimo año dimos un giro. Creo que más o menos se requiere ese tiempo para darte cuenta de que no puedes cambiar a tu cónyuge para que encaje en lo que mi terapeuta denomina el «ideal del ego», esa imagen del cónyuge soñado que tienes en tu mente, diseñado a la perfección para satisfacer cada necesidad y deseo. Mi teoría para nada científica sobre el «picor de los siete años» es que justo alrededor de ese momento te das cuenta de que tienes que aceptar a tu cónyuge tal como Dios lo hizo, o divorciarte. Elegimos la opción A. No hubo fuegos artificiales ni explosiones en el cielo, pero comenzamos a movernos en una nueva dirección. La consejería fue de gran ayuda. También lo fue la comunidad. Pero, sobre todo, necesitábamos tiempo y espacio para reaprender cómo ser esposo y esposa.

¿Y los últimos años?

Bueno, han sido los mejores con diferencia.

De modo que estamos hablando de renovar nuestros votos para nuestro decimoquinto aniversario. Hacer una pequeña ceremonia. Y para nosotros, esto no es una idea cursi y romántica. Ninguno de los dos es remotamente sentimental. Este es un momento profundo, significativo y simbólico. Queremos elegirnos *de nuevo*. Y hacer un voto (esta vez realmente a sabiendas de a qué nos comprometemos) para amarnos «hasta que la muerte nos separe».

Después de todo, quince años es solo el comienzo, ¿verdad?

Digo todo esto porque la siguiente parte del nombre de Dios, lo que lo hace ser quien es, va en la misma línea. Es «grande en amor y fidelidad».

En hebreo, «amor y fidelidad» es *hesed* y *emet*.

Vamos a tomarlos uno por uno.

Empecemos por *hesed*. Esta es una palabra amplia y panorámica para la que realmente no tenemos un equivalente en nuestra lengua. Por eso las traducciones varían tanto. Se puede traducir «amor constante», «amor infalible» o «lealtad del pacto».

חסד ....

«amor constante»

«amor infalible»

«lealtad del pacto»

Mira lo que escribe el erudito hebreo Daniel Block: «El hebreo *hesed* no se puede traducir con una sola palabra en otro idioma. Es un término del pacto que engloba todos los atributos positivos de Dios».[2]

Fíjate que califica *hesed* como «término del pacto». Mantenlo en tu mente. Volveremos a ello en unos minutos.

Por ahora, solo comprende que este es uno de los aspectos más importantes del carácter de Dios. Es el único atributo de carácter que se repite. Lo leemos aquí, «grande en amor y fidelidad» y, en la línea siguiente, «que mantiene su amor hasta mil generaciones». Si bien recuerdas, ya he mencionado que cuando un escritor antiguo quería enfatizar de verdad una idea, la repetía. Dios habla *dos veces* de su amor. De manera consecutiva. Significa que esta es una de las verdades más ciertas sobre Yahveh: Él abunda en *hesed*; rebosa mucho más allá de su capacidad.

Pero también en *emet*, o fidelidad. Literalmente, la palabra significa «verdad». De hecho, está conectada con la palabra «amén». Generalmente las personas dicen «amén» cuando un predicador expresa algo que resuena en lo profundo de sus huesos. Pero *emet* también se puede traducir «fiel» o «confiable». Connota fiabilidad. Puedes contar con este Dios Yahveh. Él no te decepcionará.

A diferencia de muchos de *nosotros*.

Cuando la vida se pone difícil, la mayoría abandonamos sin más. Cuando ya no es fácil, divertido o novedoso, cuando se complica, es incómoda o aburrida, simplemente *nos vamos*. Dejamos trabajos, ciudades, iglesias, amistades, matrimonios. Nos limitamos a cortar lazos y seguir adelante.

Somos una generación criada con mensajes de texto, lo que hace que la inestabilidad sea más fácil que nunca.

Dios no es así.

Él es fiel.

Ahora bien, cuando juntas *hesed* y *emet* sucede algo incendiario. «Grande en amor y fidelidad» es un hendíadis. ¿Hay algún experto en literatura por ahí? Un hendíadis es un recurso literario donde dos sustantivos se combinan para ayudar a definirse entre sí.

Lo que significa que…

El amor de Dios *es* su fidelidad.

La fidelidad de Dios es *su* amor.

Aquí es donde la traducción de «amor» para *hesed* es increíblemente deficiente. Como dirían mis amigos, «es una salsa floja». Cuando leemos «amor», la mayoría de nosotros pensamos en sentimientos. O tal vez en tolerancia. Entonces leemos «amor» y pensamos que Yahveh solo está declarando que de verdad le gustamos y que tiene emociones cálidas y amorosas hacia nosotros.

Y sí, lo hace. Pero recuerda, *ya lo dijo*.

En nuestro idioma, «abundante en amor» suena como sinónimo de «compasivo», así que esta línea parece repetitiva. Pero en hebreo, no lo es. Dios está expresando algo más aquí.

Hesed y *emet* hablan de la lealtad de Dios, de cómo Él nunca, *jamás* abandona a su pueblo, sino que es fiel hasta el amargo final, sin importar el costo.

Esta combinación de «amor» y «fidelidad» se usa por toda la Biblia. Solo en los Salmos, la palabra *hesed* se utiliza 126 veces.

Por ejemplo, en el Salmo 89, el poeta escribe:

> Oh SEÑOR [Yahveh], por siempre cantaré la grandeza de tu
> gran *amor*; por todas las generaciones
> proclamará mi boca tu *fidelidad*.
> Declararé que tu gran *amor* permanece firme para
> siempre, que has afirmado en el cielo tu *fidelidad*.[3]

Luego, la voz de Yahveh irrumpe en profecía sobre el Mesías venidero:

> Mi gran *amor* por él será siempre constante,
> y mi pacto con él será estable (…)
> Con todo, jamás le negaré mi gran *amor*
> ni mi *fidelidad* le faltará.[4]

Este es solo un ejemplo entre *cientos*. No estoy exagerando. El amor y la fidelidad de Yahveh son uno de los temas principales de la Biblia y una de las principales razones para adorar en los *Salmos*. Despiertan poesía, música, asombro, gratitud, oración y esperanza.

Ahora bien, sé que esto plantea todo tipo de preguntas. Si es cierto, si Dios es fiel…

¿Cómo terminé en un matrimonio infeliz?

¿Por qué tengo 40 años y sigo soltero?

¿Por qué padezco una enfermedad crónica?

¿Por qué tuve un aborto espontáneo?

¿Cómo pudo mi mejor amiga acostarse con mi prometido?

¿Por qué nació mi hijo con necesidades especiales?

¿Cómo pude ser despedido de mi trabajo soñado?

¿Por qué voy de cabeza con mi hipoteca?

¿Cómo nací en un mundo con racismo sistémico?

A veces es difícil conciliar el amor y la fidelidad de Dios con… bueno… la *vida*.

Así que intentemos resolverlo. Juntos.

DOS: Historias

No podemos comprender *hesed* y *emet* en su totalidad sin entender los pactos. Y para ello, necesitamos al menos una comprensión básica de la historia general de la Biblia.

No te preocupes; lo haremos en unas cuantas páginas fáciles. Simple.

Está bien, saca de tu muelle mental esa línea que mencioné sobre los pactos. Pacto no es una palabra que usemos en la actualidad. Cuando leo mi aplicación de *The New York Times* por la mañana, no informa que el presidente Trump haya hecho un «pacto» con China.

El *pacto* es una palabra de otro tiempo, de otro lugar.

En el antiguo Cercano Oriente, un pacto era esencialmente una combinación entre una promesa y un contrato legal. Era relacional. Dos (o más) personas hacían una promesa y luego firmaban un contrato, con bendiciones y maldiciones claramente definidas por cumplir o romper esa promesa.

Lo más cercano a un pacto que tenemos en el mundo moderno es el matrimonio. Hace casi quince años, cuando Tammy y yo nos miramos a los ojos en una cálida noche de junio, frente a toda nuestra familia y amigos, y pronunciamos el «sí, acepto», hicimos un pacto, una promesa.

Piensa en la pregunta y la respuesta de los votos matrimoniales:

¿Lo prometes?

Sí, lo prometo.

El matrimonio es un pacto, una promesa de amar y permanecer fiel a tu cónyuge. Pero un pacto también es un contrato vinculante. Cuando te casas, entregas tu vida. Hay consecuencias si no cumples tu promesa.

Y si conoces la historia de la Biblia, tiene mucho que ver con los pactos que estableció Yahveh. Y en esta historia (esta línea narrativa que va desde *Génesis* hasta *Apocalipsis*) hay momentos clave en los que la trama da un gran salto hacia adelante.

Uno de esos momentos clave es Génesis 12. Es como el punto de apoyo para todo el Antiguo Testamento. En contexto, el mundo bueno y hermoso de Yahveh Dios ha sido desfigurado por el mal. Pero luego, llama a un beduino del desierto de nombre Abram para poner la historia en su rumbo nuevamente.

Lo primero que Dios hace con Abram es un pacto, una promesa…

> Haré de ti una nación grande
> y te bendeciré;
> haré famoso tu nombre
> y serás una bendición.
> Bendeciré a los que te bendigan
> y maldeciré a los que te maldigan;
> ¡por medio de ti serán bendecidas
> todas las familias de la tierra![5]

Fíjate en todo el lenguaje de «Haré». Ese es un motivo de pacto. Dios *promete* a Abram que su familia se convertirá en una gran nación. Y promete bendecir a esa nación. No solo eso, sino que bendecirá a «todas las familias de la tierra» *por medio* de esta nación.

Entonces…

Primero Dios bendecirá a la familia de Abram.

Después, a cambio, *ellos* bendecirán *al mundo*.

¿Ves el patrón?

Dios → El pueblo de Dios → El mundo

Dios está revelando que va a poner en orden todo lo que ha salido mal en el mundo. Todas las cosas feas van a dejar de serlo. Pero va a hacer este trabajo de *re*creación *a través* de la familia de Abraham, más tarde llamada Israel.[6]

Es una promesa asombrosa. Pero, por favor, presta mucha atención a su contenido.

Dios *no* le promete a Abraham una vida fácil sin preocupaciones, con dinero en el banco y un condominio en Kauai.

Dios sí promete bendecir a Abraham, pero si conoces la historia, la vida de Abraham fue todo menos un paseo por el parque. La esencia de la promesa es que la familia de Abraham funcionará como un conducto, un medio, para que Yahveh extienda su bendición generadora de vida y regeneradora sobre cada centímetro cuadrado de la tierra.

Y esta promesa se convierte más tarde en un pacto completo. Unos capítulos después, Abraham se encuentra contra la pared. Parece que Yahveh ha sido infiel a su promesa. Han transcurrido los años, pero Sarah sigue sin hijos, y ahora ambos son mayores. Muy por encima de la edad para… ya sabes… tener un bebé.

¿Cómo puede una pareja de la tercera edad, con problemas de infertilidad, convertirse en los padres de una gran nación?

A menudo contemplamos las promesas de Dios sobre nuestra vida y las comparamos con nuestras circunstancias, para descubrir que, simplemente, no coinciden.

Entra en Génesis 15. Te lo advierto, es una historia *extraña* que la mayoría de la gente pasa por alto, pero es clave, así que presta atención.

Yahveh le ordena a Abraham que reúna algunos animales y haga un sacrificio: un toro, una cabra, un carnero y algunas aves. Abraham corta los animales por la mitad y los extiende en el suelo. Pero no pienses en un picnic. En el antiguo Cercano Oriente, esto se llamaba «cortar el pacto». Se cortaba a los animales por la mitad y se colocaban en una línea paralela. Luego, las dos partes caminaban por el sendero improvisado de animales muertos, como una forma simbólica de declarar: «Si no cumplo con mi parte de la promesa, que esto me pase a mí: sangre y muerte».

Ahí es cuando la historia da un giro extraño.[7] Yahveh hace que Abraham caiga en un sueño profundo, y en él, Abraham tiene una visión de Dios, en la imagen de un «horno humeante», caminando a través de los animales…

todo

por

su cuenta.

¿Alguna vez has leído esta historia y has pensado, *¿pero qué…?* Si es así, no te sientas mal. Es algo raro, pero es un momento realmente poderoso. Es la manera como Yahveh afirma que, aunque Abraham y sus hijos no cumplan con su parte del trato, *Él seguirá cumpliendo su promesa*. Él rescatará y salvará al mundo *a través* de esta futura nación. No importa el precio. Y si tiene que derramarse sangre, no será la de Abraham. Será la de Yahveh mismo. Él está dispuesto a morir y convertirse en estos animales solo para cumplir su promesa de devolverle la vida al mundo.

Espero que tu mente ya esté comenzando a conectar los puntos con Jesús. Llegaremos allí en un segundo, pero quiero que veas que esto empieza milenios antes de la cruz.

El resto del Antiguo Testamento, en realidad toda la Biblia, trata sobre cómo Yahveh en su fidelidad mantiene su pacto con la familia de Abraham, y cómo Israel fracasa miserablemente en su parte.

Cuando las personas leen la Biblia (en especial el Antiguo Testamento) como una colección de historias breves que enseñan una lección moral, resulta engañoso. No es eso en absoluto. Es una historia brutalmente sincera, cruda, sin cortes, sobre la fidelidad de Dios hacia Israel, y la lucha de Israel por ser una novia fiel en respuesta.

Lo que hace que el Antiguo Testamento sea tan confuso es que en medio de todo el caos (historias sobre asesinato, violación, traición, poligamia, abuso doméstico, genocidio religioso y básicamente todos los horrores que puedas imaginar), Yahveh está obrando. Él responde. Está comprometido. Saca lo bueno del mal atroz. No da un paso *atrás* cuando las cosas se ponen feas; da un paso *adelante*. Está constantemente bendiciendo, tanto a sus amigos como a sus enemigos.

Una de mis citas favoritas de Éxodo 34 en el Antiguo Testamento proviene de la memoria de un político llamado Nehemías. Escribe en una etapa difícil de la historia de Israel. Están en el exilio en Babilonia. Él y un pequeño grupo de hebreos están de regreso en Jerusalén, tratando de reconstruir las murallas, pero la cosa no va demasiado bien.

Y en una famosa oración, declara lo siguiente: «Pero tú eres Dios *perdonador*, *misericordioso* y *compasivo*, *lento para la ira y grande en amor*. Por eso no los abandonaste».[8]

Con suerte, ya puedes reconocer todo el lenguaje de Éxodo 34. Nehemías, como buen hebreo, está empapado en el nombre de Dios.

Luego hace *su* ruego: «Y ahora, Dios nuestro, Dios grande, temible y poderoso, que *cumples el pacto* y eres fiel, no tengas en poco los sufrimientos… Tú has sido justo en todo lo que nos ha sucedido, porque actúas con *fidelidad*. Nosotros, en cambio, actuamos con maldad».[9]

Para Nehemías, incluso el *exilio* era una señal de la fidelidad de Yahveh. Él no había abandonado a Israel, aunque lo parecía. Como un buen padre, permitió que Israel fuera al exilio para disciplinarlo. Pero Nehemías ve que llegará un día en el que Yahveh cumplirá su promesa, y suplica que ese día llegue.

¿Y por qué ora Nehemías? Por el Dios que «cumple el pacto» (*hesed*) y es «fiel» (*emet*).

No obstante, nunca llega a ver la respuesta a su oración, al menos no del todo. Para eso, hay que esperar a Jesús…

TRES: Jesús

Durante dos mil años, los teólogos han estado luchando con el misterio que es Jesús de Nazaret. En Él, la divinidad y la humanidad coexisten. Dios y hombre se superponen y se unen.

Jesús es Yahveh en carne y hueso.

Pero lo que necesitas ver es lo siguiente: Él también es *Israel* en carne y hueso. Es el rey de Israel, su representante, que lleva sobre sus hombros la historia de la nación.

Él es Yahveh,

y Él es Israel

en el mismo lugar.

Ya hemos mencionado (en el capítulo 1) que la famosa frase del evangelista Juan sobre cómo Jesús estaba «lleno de gracia y de verdad» es en realidad una cita de Éxodo 34. Se pierde en la traducción del hebreo al griego y luego a otro idioma (sí, es confuso), pero Juan está señalando que Jesús es la encarnación de *hesed* y *emet*.

Jesús vino a hacer lo que Abraham e Israel debían hacer, pero nunca pudieron. Vino a bendecir al mundo.

Todo porque, miles de años atrás, Yahveh hizo una promesa. Cuando Israel falló, Yahveh fue fiel. Incluso antes de eso, cuando *Adán* falló, Él fue fiel. Y cuando *tú y yo* fallamos, Dios sigue siendo fiel. Para bendecir, sanar, liberar y salvar.

Jesús toma todo nuestro fracaso, los milenios de promesas rotas, y los lleva a la cruz, absorbiéndolos en su muerte, y quebrando, entonces, su dominio sobre la humanidad a través de su resurrección.

Por ello, los escritores del Nuevo Testamento citan constantemente el Antiguo.[10] Para ellos, el evangelio comenzó en Génesis 12, no en Mateo 1.[11] Yahveh hizo una promesa, y fue fiel hasta la muerte. *¡Y aún no ha terminado!* Él cumplirá *todas* sus promesas. Jesús regresará y lo hará realidad.

Y por el amor y la fidelidad de Yahveh podemos esperar un mundo libre de la entropía de la muerte.

Podemos esperarlo, confiar en ello, aferrarnos a ello.

Ahora bien, cuando digo «esperanza», no me refiero a un pensamiento ilusorio:

«Espero encontrar estacionamiento rápido».

«Espero que la próxima película de *La guerra de las galaxias* sea buena». Por favor, Jesús…

«Espero que me responda al mensaje».

«Espero recibir un reembolso de impuestos».

Buena suerte con *eso*.

Para los redactores de las Escrituras, **la esperanza es la absoluta expectativa de un bien venidero basado en el carácter de Dios.**

Es una confianza inquebrantable en que, por muchos giros equivocados que tomemos o contratiempos que afrontemos, podemos dormir en paz esta noche porque sabemos que, un día, Yahveh erradicará el mal para siempre. Él remodelará el mundo en una ciudad jardín, un segundo Edén. Bendecirá a «todas las naciones de la tierra» a través de su Hijo, Jesús.

Y todo esto porque Yahveh es «grande en amor y fidelidad».

CUATRO: Nosotros

Ahora, gracias por tu paciencia. O debería decir, tu *fidelidad*. Te cuento todas estas historias del Antiguo Testamento por esta razón:

La historia de Israel es *tu* historia.

Como nuestros padres espirituales, hemos fallado una y otra vez, pero Dios ha sido fiel.

Me encanta cómo lo expresa Pablo en su carta a Timoteo: «Si somos infieles, él sigue siendo fiel, ya que no puede negarse a sí mismo».[12]

Pablo tiene razón al señalar que la fidelidad de Yahveh es intrínseca a su nombre, a su naturaleza. Él no puede ser infiel, como no puede mentir, hacer trampa o robar.

Dios es fiel, *aun cuando nosotros no lo somos*. Incluso cuando somos inconstantes, asustadizos y dejamos caer la pelota.

Pero hay momentos en los que no lo sentimos así. Momentos en los que parece que Dios está lejos de ser fiel. Como cuando tu esposa tiene noventa años y *aún* no ha quedado embarazada, y piensas: *Dios, ¿dónde estás?*

Creo que finalmente estamos listos para enfrentarnos a esas preguntas de «sí, pero» que todos tenemos...

Mi padre murió cuando tenía diez años. ¿Cómo puede Dios ser fiel?

Acabo de pasar por un divorcio terrible, y ahora estoy sola, con dos hijos y una pensión alimenticia que ni siquiera cubre el alquiler. ¿Cómo puede Dios ser fiel?

Me diagnosticaron meningitis espinal, y entro y salgo del hospital cada mes. Si Dios es fiel, ¿por qué estoy sufriendo tanto?

¡Recuerda el pacto! ¿Qué prometió Dios? ¿Una vida fácil? ¿Salud y riqueza? **No.** Prometió bendecir al mundo a través de su pueblo.

Cuando decimos que Dios es fiel, no significa que nunca experimentarás sufrimiento. Mucha gente (en especial los estadounidenses) malinterpretan la fidelidad de Dios como una especie de garantía de vida, de libertad y de búsqueda de la felicidad. Así que cuando llega la tragedia, la economía colapsa, el hijo recibe un diagnóstico difícil o seguimos solteros a los treinta, pensamos que Dios es *infiel*.

Eso es una interpretación errónea de la promesa de Dios a Abraham. Dios nunca dijo que viviríamos sin problemas. De hecho, Jesús prometió lo *contrario*: «En este mundo afrontarán aflicciones, pero ¡anímense! Yo he vencido al mundo».[13] Esa es una de las muchas promesas en la Biblia que tendemos a ignorar.

No es que Dios no quiera que tengas una vida plena y satisfactoria; creo que sí lo quiere. Es tu Padre. ¿Qué padre no desea el éxito y la prosperidad para sus hijos? Pero, como cualquier buen padre, tiene una visión a largo plazo. Está dispuesto a disciplinarnos para que crezcamos y maduremos hasta alcanzar nuestro máximo potencial.

Dios se preocupa más por tu carácter a largo plazo que por tu felicidad a corto plazo. Y está más que dispuesto a sacrificar lo segundo para lograr lo primero.

Además, Dios no siempre obtiene lo que quiere. Al menos, aún no. Recuerda la oración de Jesús: «Hágase tu voluntad».[14] Existen otras voluntades en juego en la tierra, muchas de ellas en conflicto con el corazón de Dios para tu vida.

Tal como lo veo, Dios sí usa el mal, pero nunca es responsable de él. Cosas como el cáncer, el VIH/SIDA, el abuso o, evidentemente, nuestros propios errores, no proceden de Dios. El mal es un intruso cruel y ajeno en el buen mundo de Dios. Es su enemigo, no su amigo.

Trágicamente, muchas personas no lo ven de esa manera. Como expliqué antes, este es un ámbito de desacuerdo dentro de la iglesia. Y respeto el misterio del mal. Detrás del universo hay un velo que la mayoría de nosotros nunca llegamos a ver. Tres palabras sumamente importantes que todos necesitamos decir con regularidad son: *no lo sé*.

Aun así, creo profundamente que muchas personas están enojadas con Dios por cosas con las que Él no tuvo nada que ver.

Culpar a Dios por la muerte de un ser querido o el fracaso de un negocio es como si mi hijo Moisés llegara a casa enojado conmigo porque sacó una mala calificación en un examen o porque se cayó en el recreo y se lastimó la pierna.

¿Qué?

Dios se convierte rápidamente en un chivo expiatorio para los inmaduros o confundidos.

Muchas personas tienen una visión hiperfatalista de la vida y repiten constantemente el cliché de «Dios tiene el control». ¿Pero lo tiene? ¿De *todo*? ¿Incluso del mal? ¿Estás seguro de eso?

Me parece que la historia que cuentan los redactores de las Escrituras es mucho más compleja. La voluntad de Dios es una entre muchas, y Él está ordenando con paciencia el desastre de nuestras vidas, dejando amplio espacio para nuestro libre albedrío y nuestras decisiones, y a la vez sacando gracia y bien del mal. Como lo expresó un escritor del Nuevo Testamento: «Dios dispone todas las cosas para el bien de quienes lo aman».[15]

Si esto te suena *menos* esperanzador, no lo es. Piénsalo. Esto significa que incluso cuando nos suceden cosas terribles que claramente van en contra de la voluntad de Dios (contraemos una enfermedad que amenaza nuestra vida, enterramos a un amigo cercano, fracasamos en un matrimonio, etc.), aun *entonces*, Dios es mucho más poderoso que cualquier mal al que nos enfrentemos. Y tiene la habilidad, casi como en el judo, de dar la vuelta al mal y convertirlo en algo bueno de alguna manera.

Nuestra esperanza no radica en que nunca nos sucederá nada malo.

Ni en que todo lo que nos suceda sea «la voluntad de Dios».

Nuestra esperanza es que, sin importar lo que nos pase, *Jesús ha vuelto de entre los muertos*, y todo es posible.

Sí, a veces las cosas salen terriblemente mal. Pero la resurrección es un megáfono amplificado al máximo, que grita: «¡Dios es más grande que el mal! ¡Y más fuerte que la muerte!». La tumba vacía empequeñece cada tragedia que enfrentamos con su promesa de hacer todas las cosas hermosas en su tiempo.

Me refiero a esto: la promesa de Dios no es que te casarás con tu pareja ideal, te harás famoso, ganarás una fortuna y te jubilarás a los cuarenta en un campo de golf en California.

La promesa de Dios es que Él te *bendecirá* para que tú puedas hacer lo mismo por los demás. Te restaurará para que puedas ayudar a restaurar el mundo. Y un día, a su tiempo, volverá para terminar lo que comenzó y enderezar todo lo que está torcido.

Las promesas de Dios no son solo genéricas para todos sus seguidores; son específicas para ti.

Uno de los mayores errores que cometen las personas, especialmente nuestros amigos de la tradición del evangelio de la prosperidad, es reclamar promesas que Dios hizo a otras personas como si fueran propias. Por ejemplo, tomar una promesa de Isaías, cuando Dios dice: «Ensancha el espacio de tu tienda... Porque a derecha y a izquierda te extenderás; tu descendencia desalojará naciones y poblará ciudades desoladas»,[16] y convertirla en una alegoría sobre cómo Dios te dará dinero para ampliar tu casa o para un nuevo campus de tu mega iglesia. Me estremezco cuando escucho a la gente abusar de la Biblia para reforzar una versión distorsionada del «sueño americano».

O (aquí tienes otro ejemplo) cuando las personas toman un *principio* de la Biblia y lo convierten en una *promesa*. Por ejemplo, agarran un versículo de Proverbios como: «Instruye al niño en el camino correcto y aun en su vejez no lo abandonará»,[17] y reclamarlo como una promesa de que un hijo rebelde regresará al buen camino.

Dejando eso de lado, hay algo de verdad en la idea de que Dios *te* hace promesas individuales. Creo que hay momentos sagrados en los que el Espíritu de Dios susurra a nuestro espíritu una promesa, una visión de lo que *será*, a su debido tiempo.

Como en el caso de Abraham y Sara, estos susurros a menudo llegan años antes de convertirse en «Isaacs». Y muchas veces parecen improbables, si no imposibles.

La espera puede poner tu fe al límite. Habrá muchos días en los que todo en tu presente parecerá contradecir la promesa de Dios sobre tu futuro.

¿Qué te ha prometido Dios? Cuando te aquietas delante de Él, ¿qué resuena en lo más profundo de tu alma? ¿Qué anhelo, qué deseo, qué sentido de destino no puedes ignorar?

Dios será fiel a su promesa. Pase lo que pase. No importa cuántas veces tropieces, no importa cuántas «voluntades» se interpongan en el camino, Dios es más grande. Y Él es amoroso y fiel.

Así es Dios.

Ahora, antes de cerrar este capítulo, cambiemos la perspectiva (de Dios hacia nosotros). No olvidemos que somos el pueblo de Yahveh, su esposa. Nuestro papel en esta relación es reflejar y emular el carácter de nuestro esposo ante el mundo.

¿Somos fieles?

¿Lo eres tú?

¿Lo soy yo?

Para nuestra generación, la idea de fidelidad es extraña y ajena. Nuestros abuelos sabían algo al respecto, pero nosotros no tanto.

La duración promedio de un matrimonio es de aproximadamente ocho años;[18] mis abuelos estuvieron casados durante sesenta.

La permanencia promedio en un trabajo es de cuatro años, y cada año esa cifra disminuye.[19] Mi abuelo trabajó como ingeniero nuclear en General Electric (GE) durante treinta y cinco años. ¿Quién hace eso hoy en día?

La fidelidad se ha vuelto como bailar disco: antes era popular, algunas personas todavía lo practican, pero en su mayoría, es cosa del pasado.

Y este es el problema: las mejores cosas de la vida son el resultado de la fidelidad. Por lo general, años, si no décadas, de fidelidad.

La fidelidad es una obediencia prolongada en la misma dirección en una época de gratificación instantánea.[20]

Quiero un atajo en la vida; crecí con el microondas, las tarjetas de crédito, Amazon Prime, los mensajes instantáneos y la televisión a la carta. El mundo al alcance de mis manos. Lo quiero todo, y lo quiero *ahora mismo*. Pero no hay atajos en la vida. No puedes meter el carácter en un microondas. Es más bien como un árbol que crece lentamente, temporada tras temporada. Hay estaciones parecidas al verano, donde puedes recoger alegría de las ramas, cuando tu vida está llena de crecimiento y abundancia. Y hay estaciones como el invierno cuando la vida se siente lenta y vacía. Los mejores árboles son los que permanecen arraigados y continúan creciendo.

Por eso, quiero ser fiel en el verano y en el invierno. Mantenerme firme, sin importar lo difícil que sea.

Después de todo, así es Dios.

Piensa en las implicaciones que esto tiene para el matrimonio. Tal vez tu matrimonio sea difícil. El mío lo fue, durante años. Y hay temporadas en las que Tammy y yo volvemos a caer en viejos patrones poco saludables. ¿Cómo sería para ti mantenerte fiel a los votos que hiciste, a través de todos los altibajos emocionales de la vida en pareja?

O piensa en tu carrera. Puede que, dependiendo de tu campo, sea inteligente cambiar de trabajo cada pocos años, pero dominar tu oficio y volverte increíblemente bueno en lo que haces, ya sea la crianza de tus hijos, la arquitectura, la enseñanza, la gestión empresarial o el pilotaje de aviones, requiere décadas. No puedes hacer lo que te gusta hasta que seas realmente bueno en lo que haces. Los sociólogos argumentan que convertirse en un experto en cualquier campo toma alrededor de diez mil horas, al menos una década de trabajo arduo. ¿Cómo sería para ti aferrarte a un sueño para tu vida y perseguirlo, no a toda velocidad, sino a ritmo lento y constante, dispuesto a esperar mucho tiempo para ver cómo el llamado de Dios se materializa y florece en tu vida?

O piensa en tu ciudad y tu lugar en ella, tu iglesia, tu vecindario, tus relaciones. ¡Somos tan inconstantes, tan transitorios! Más turistas que ciudadanos. Pero ¿cómo sería para ti ser fiel al reino de Dios en tu lugar, no solo por unos meses o años, sino por toda una vida?

La pregunta con la que quiero dejarte es esta: ¿dónde te ha llamado Dios a ser fiel?

Detente y piénsalo por un momento.

No, en serio. Detente y piénsalo.

¿Qué te viene a la mente?

Sea lo que sea, lo más probable es que requiera mucho trabajo. Será dolorosamente lento. Y, a veces, frustrante. Las mejores cosas en la vida siempre lo son. Pero créeme, *valdrá la pena.*

Así que sigan adelante, amigos. No se rindan. No todavía. Sean fieles, como el Dios a quien adoran.

Y nunca olviden vivir el momento, porque es lo único que tenemos.

Capítulo 6

«El SEÑOR [Yahveh], el SEÑOR [Yahveh], Dios compasivo y misericordioso, lento para la ira y grande en amor y fidelidad, **que mantiene su amor hasta mil generaciones después y que perdona la maldad, la rebelión y el pecado; pero no tendrá por inocente al culpable, sino que castiga la maldad de los padres en los hijos hasta la tercera y cuarta generación».**

El Dios que no se detendrá hasta que seas completamente libre

Sé lo que estás pensando.

La pregunta en el fondo de tu mente. Esa sensación en el estómago, toda esa ansiedad acumulándose, girando, aumentando con cada página que pasas…

¿Qué significa eso del *final*? La frase sobre cómo Yahveh «castiga la maldad de los padres en los hijos». ¿Qué pasa con *eso*?

¿Cómo puede Yahveh ser «compasivo y misericordioso», «lento para la ira» y «grande en amor y fidelidad» si luego parece entrar en modo «artes marciales mixtas» [MMA, por sus siglas en inglés] *contra los niños*?

He estado esperando este momento.

Hay dos tipos de personas en el mundo: los que prefieren recibir las malas noticias primero y los perezosos. Yo no soy perezoso. Así que empecemos con las malas noticias.

Aquí están: no podemos elegir lo que nos gusta de las Escrituras y descartar lo que no. Como seguidores de Jesús, seguimos el ejemplo de nuestro Rabino. Él se tomaba las Escrituras muy en serio.[1] Así que nosotros también. Nos sometemos a la autoridad de las Escrituras como una expresión de nuestra sumisión a Jesús como Señor. *Toda* la Escritura. No hojeamos la Biblia para entresacar tan solo las partes que nos gustan y desechar lo que no encaja con nuestra visión progresista, occidental y moderna. Cuando nos encontramos con algo que no nos gusta, lo *afrontamos*. Lo cuestionamos, lo analizamos, lo estudiamos, lo matizamos, luchamos con ello y, quizás, incluso lo protestamos. Al final, con suerte, decimos que sí, aunque nos cueste aceptarlo.

Tal vez leas la Biblia de otra manera. Y está bien. Pero creo que estarás de acuerdo en que, si formas tu teología de Dios tomando *fragmentos* de la Biblia y mezclándolos con tus propios sesgos, con la cultura pop y con la cambiante (¿o simplemente *fluctuante*?) ética de Occidente, acabarás teniendo un «dios» que no es más que una proyección de tus propios deseos. Un dios que no es real, sino artificial, hecho a medida en un laboratorio, que no ha crecido en el suelo de la realidad.

Lo bueno de los dioses inventados es que siempre están de acuerdo contigo y te dejan vivir como quieras. Lo malo es que son increíblemente aburridos, planos y monótonos, porque en realidad no existen.

Luego está la posibilidad aún más aterradora de que termines con un «dios» que *sea* real, pero que no sea el único y verdadero Dios Creador, y que se ajuste a tus deseos de «lo quiero todo ahora», solo para volverse en tu contra una vez que ya estés enganchado.

Puede que Yahveh no se vea exactamente como nosotros queremos, al menos no al principio. Pero a medida que comenzamos a ver su carácter, a medida que su belleza empieza a tomar forma, nos damos cuenta de que quien es Él resulta mucho mejor que quien queríamos que fuera.

Así que esas son las malas noticias.

Las buenas noticias son estas: puedo afirmar confiado que este aspecto de Dios que estamos a punto de desglosar es, bueno, bueno, hermoso. Y resuena con la verdad.

Así que vamos a entrar en materia. Tenemos bastante terreno que cubrir en este capítulo, porque debemos analizar toda una frase, no solo unas pocas palabras. Así que lo abordaremos línea por línea y llegaremos a la parte sobre cómo Yahveh castiga a los niños cerca del final.

Eso debería mantenerte leyendo…

Para empezar, la primera línea *de la frase final* es

«mantiene el amor hasta mil generaciones…».

Una vez más, escuchamos hablar del *hesed* de Yahveh, o de su amor de pacto, pero esta vez leemos que Él lo «mantiene». La palabra raíz aquí es *ntsr*, que significa «proteger» o «guardar».

Es un lenguaje reutilizado por el salmista:

> No me niegues, SEÑOR [Yahveh], tu *misericordia*;
> que siempre me protejan tu amor y tu verdad.[2]

A estas alturas, todo el lenguaje del Éxodo debería destacar para ti: misericordia, amor, fidelidad. El poeta está orando para que el carácter de Yahveh lo *ntsr*, es decir, lo vigile y lo mantenga a salvo del mal, específicamente de las personas malvadas.

Yahveh es como un centinela de guardia. Él quiere *asegurarse* de que recibas su *hesed*. ¡Pero no solo tú! Él «mantiene el amor *hasta mil generaciones*». La idea aquí es el alcance del *hesed* de Yahveh. No es solo para algunos de sus favoritos. Es *ilimitado*. No tiene techo ni fondo.

A continuación, Yahveh asevera que Él

«perdona la maldad, la rebelión y el pecado...».

Mucha gente piensa que el perdón es algo que Jesús introdujo. Como si fuera un concepto nuevo, ajeno a Moisés y a los escritores del Antiguo Testamento. Pero eso solo demuestra cuánto tiempo pasamos fuera de la Biblia. La palabra *perdonar* se usa en toda la Escritura hebrea.

En Éxodo 34:7, la palabra hebrea traducida como «perdonar» es *nasa*, y literalmente significa «levantar», «cargar» o «quitar».

Habla de un indicador que apunta hacia Jesús. No quiero adelantarme, pero es exactamente lo que Él hace en la cruz. Carga con el pecado sobre sus hombros y luego lo quita, (directamente hacia la misma boca del infierno). Juan el Bautista llamó a Jesús «el Cordero de Dios, que quita el pecado del mundo».[3]

¿Qué perdona Yahveh? Bueno, el lenguaje aquí es «la maldad, la rebelión y el pecado», las tres palabras más comunes en la Biblia hebrea para describir la profundidad de la depravación humana.

«Maldad» es *avon* en hebreo. Es una palabra genérica que básicamente significa cualquier tipo de mal comportamiento; todo, desde cortarle el paso a un conductor anciano en el tráfico hasta el genocidio.

«Rebelión» es la palabra *pesha*. Significa «quebrantar la ley». *Pesha* es un término legal, del tipo que se usa en un tribunal. Es un crimen. Una violación. Es cuando sabemos exactamente lo que Dios manda, y decimos: «Haré lo que me plazca, muchas gracias».

Y «pecado» es *hata*, que significa «fallar el objetivo». Es una imagen: visualiza a un arquero y un blanco. Tira de la cuerda y deja volar la flecha. «Pecar» es errar el centro de la diana. De hecho, no era una palabra moral en el tiempo de Moisés. Simplemente significaba equivocarse.

Estas tres palabras se unen para cubrir toda la amplitud de la contaminación humana. La idea no consiste en despertar culpabilidad en alguien; esto es que *Yahveh perdona los pecados de todas las formas y tamaños.*

Fíjate en que Él es el único que perdona.

Es que Él es perdonador.

¿Lo ves?

En una alusión poética a Éxodo 34, el profeta Miqueas habla de la naturaleza perdonadora de Yahveh:

> ¿Qué Dios hay como tú,
> que perdone la *maldad* y pase por alto el *delito*
> del remanente de su heredad?
> No estarás *airado* para siempre,
> porque tu mayor placer es *amar*.
> Vuelve a *compadecerte* de nosotros.
> Pon tu pie sobre nuestras *maldades*
> y arroja al fondo del mar todos nuestros *pecados*.[4]

Así que el perdón surge del *nombre* de Dios, de su carácter. Es el flujo de la esencia interna de Yahveh, las partes más profundas y verdaderas de su ser. Como expresó un erudito destacado en su comentario sobre Éxodo 34: «Él no perdona de mala gana los pecados contra sí mismo y contra los demás; lo hace con entusiasmo, como una manifestación de su carácter».[5]

Qué gran frase: «Lo hace con entusiasmo».

Es como si Yahveh estuviera ansioso por perdonar. Como si se levantara temprano todas las mañanas pensando: *¿A quién perdonaré hoy?*

Así *es* Él.

Pero hay un contrapunto de la naturaleza perdonadora de Dios:

«Pero no tendrá por inocente al culpable…».

Esta es una frase difícil de traducir. Otra versión nos acerca un poco más al hebreo original: «Pero no *absuelvo al culpable*».[6] La idea aquí es que Yahveh es perdonador por naturaleza, pero al mismo tiempo, es *justo*. No deja que los culpables se salgan con la suya.

Hay mucha gente que no *quiere* perdón.

Algunos porque niegan que son pecadores. Después de todo, la visión del mundo occidental y secular con la que crecimos niega de forma esencial la naturaleza humana pecaminosa. La idea de que «todos han pecado y están privados de la gloria de Dios»,[7] que cada uno de nosotros nace torcido, que algo profundo en el núcleo de nuestro ser está deformado, no está sintonizado con nuestro tiempo, es el vestigio de un mundo religioso y tradicional del cual queremos alejarnos con desesperación, y es una especie de herejía cultural en nuestro nuevo mundo poscristiano. La fe ciega del mundo occidental en la política, la educación y la próxima «aplicación asesina» que nos llevará a nuestra propia utopía sin Dios es, en el mejor de los casos, ingenua. Y dado que nuestra sociedad niega que «todos [hayan] pecado», se ve obligada a culpar a alguien *más* por los males del mundo. Escucha los programas de radio durante cinco minutos: es un constante traspaso de culpas. La derecha culpa a la Unión Estadounidense de Libertades Civiles [ACLU por sus siglas en inglés], a los inmigrantes ilegales y a los musulmanes; la izquierda, a la religión, a los «campesinos» no sofisticados de los pequeños pueblos y de las comunidades rurales, y a los administradores de fondos de cobertura. Cualquiera que sea el problema (la economía, el terrorismo, la salud), siempre es culpa de otro. Esta negación continua fractura profundamente nuestra sociedad y, aún más, nuestra relación con Dios. Si nos negamos incluso a admitir que somos pecadores, no podemos recibir el perdón de Yahveh. El perdón es como un regalo: tienes que extender la mano, tomarlo y abrir la caja; tienes que decirle «sí».

Otros son sumamente conscientes de lo equivocados que están los seres humanos; simplemente no les importa. No niegan la naturaleza humana pecaminosa; si acaso, se jactan de ello. Sin disculpas ni arrepentimiento, siguen en el pecado sin importar el daño colateral a los demás o el trauma al corazón de Dios.

Yahveh no hace la vista gorda con ninguno de los dos grupos. No cierra los ojos al pecado. «¡Ah, bueno! ¡Así son los chicos!».

Nunca.

Él es justo.

Y la justicia de Yahveh es algo *bueno*. Me estremezco cuando leo «no tendrá por inocente al culpable». Incluso cuando trato de matizarlo, sigue siendo aterrador. Pero recuerda, el objetivo final de Dios es un mundo *sin* maldad. La justicia de Yahveh no se trata de retribución o venganza o algún tipo de *vendetta* a la escala de Dios; se trata de la sanación y la renovación del mundo. Por eso no es rígida; tiene flexibilidad. Tiene curva y plasticidad. Él es bastante sensible a cualquier cambio de dirección. Cuando nos arrepentimos, Él *responde*. Con misericordia. Pero si no nos arrepentimos, Él esperará hasta cierto punto antes de poner fin a nuestra destrucción.

Porque el mal es el subproducto del pecado, y Yahveh está buscando un mundo sin maldad. No habrá trabajadores de la confección en Bangladesh trabajando doce horas al día, siete días a la semana, en condiciones peligrosas por apenas suficiente dinero para sobrevivir, todo para que podamos comprar una camiseta por cinco dólares. No habrá dictadores crueles que destruyan una economía con guerra, «limpieza étnica» y corrupción desenfrenada. No habrá abuso, tiroteos en escuelas primarias ni violencia en absoluto. No habrá racismo, misoginia ni explotación de mujeres y niños. No habrá ansiedad, depresión ni enfermedades mentales. No habrá divorcios, traiciones ni desmoronamiento de la familia; tampoco niños sin padres. *No habrá maldad en absoluto.*

¿Cuántos de ustedes quieren vivir en un mundo así?

Pueden.

Si eres seguidor de Jesús, un día lo *harás*.

Porque Yahveh es justo.

¡Y eso es *bueno*! Es parte de las buenas noticias. La esperanza del evangelio no es que los sobrevivientes del Holocausto estén junto a Hitler por la eternidad o que una víctima de abuso doméstico viva para siempre con su esposo. La esperanza es que *no* habrá «Hitleres» ni mujeres arrojadas contra las paredes por rabia, ni tratantes de esclavos, ni maniáticos genocidas, ni bombardeos suicidas en mercados llenos de gente, ni drones *Predator* sobrevolando tu casa mientras tu hijo de cinco años se acurruca con miedo. No habrá nada ni nadie abiertamente hostil al camino de Jesús, *porque Dios pondrá fin al mal de una vez por todas.*

El juez *finalmente* juzgará.

Y queremos justicia.

Lo anhelamos.

Lo sentimos en lo más profundo de nuestros huesos.

Cada vez que vemos otra historia sobre un esquema Ponzi en Wall Street, un levantamiento violento en África o violencia racial en los EE. UU., cada vez que vemos el mal, sentimos un dolor agudo, visceral. Pensamos: *¿Alguien puede hacer algo al respecto?*

Como dijo el profeta Amós: «¡Que fluya el derecho como las aguas y la justicia como arroyo inagotable!».[8]

Un día, lo hará. Ahora mismo, la justicia de Yahveh es un goteo. Pero algún día se convertirá en un río, y de ahí en un océano que cubrirá el mundo. Cuando Jesús vuelva, incapacitará el pecado de una vez por todas y pondrá al mal de rodillas para siempre.

Entonces, para unirlo todo…

Porque Yahveh es perdonador, no tenemos que escondernos con miedo y temor del regreso de Jesús. Podemos llevar nuestra «maldad, rebelión y pecado» directamente a la cruz y dejar que muera sobre los hombros de Jesús.

Y porque Yahveh también es justo, podemos esperar el día en que su Hijo, Jesús, juzgará el mundo, desterrará el mal para siempre y llevará a la humanidad hacia un horizonte glorioso.

Eso es el evangelio.

Lamentablemente sigues pensando: *Sí, genial, pero ¿qué hay de «cómo Yahveh castiga a los niños»?*

Esa es la siguiente línea inquietante:

«castiga la maldad de los padres en los hijos…».

¿Qué podría significar esto?

Bueno, para empezar, no puede significar lo que parece a simple vista. Al menos no en mi traducción: que Yahveh castiga a los niños por el pecado de sus padres.

¿Por qué? Porque más adelante, Moisés hace exactamente lo *opuesto*: «No se dará muerte a los padres por la culpa de sus hijos ni se dará muerte a los hijos por la culpa de sus padres. *Cada uno morirá por su propio pecado*».[9]

¿Está Moisés contradiciéndose?

O escucha lo que dice el profeta Jeremías sobre esta línea complicada de Éxodo 34: «Muestras tu gran amor a multitud de generaciones, pero también castigas la maldad de los padres en sus descendientes… *para dar a cada uno lo que merece, según su conducta y los frutos de sus acciones*».[10]

Mmm…

Entonces, si Yahveh *no* está indicando que si la abuela engaña en sus impuestos se lo cobrará al pequeño Jonny, ¿qué *está* diciendo?

Bueno, el texto consta de varias capas de significado. Sígueme…

La primera capa es que el pecado de los padres tiene consecuencias para el futuro de los hijos. Este es el significado obvio y axiomático. Y todos sabemos que es cierto.

Si papá y mamá manejan un laboratorio de metanfetaminas y son arrestados por la policía, y terminan en prisión, serán los hijos los que más sufran. Terminarán en el sistema de cuidado infantil, sin la familia que Dios había planeado. A menudo pasan de un hogar a otro, sin estabilidad. Si no los colocan en una buena familia, fácilmente podrían terminar abandonados en la calle a los dieciocho años. Pero incluso si acaban en una familia sana, que siga a Jesús, como muchas de mi iglesia que son familias de acogida, todavía entrarán en la adultez con la carga de los errores de sus padres.

O para acercarlo a casa: si papá y mamá se divorcian, los hijos sufrirán las consecuencias. A pesar de la ridícula campaña publicitaria de nuestra cultura para vender el divorcio como una zona libre de peligros para los niños, todos sabemos que es una farsa. Las consecuencias de un matrimonio que salió mal son incalculables: dolor, problemas de confianza, inseguridad, presión económica, festividades desordenadas, el miedo al compromiso al crecer. Cuando los padres pecan, los hijos sufren los daños colaterales.

Pero eso no es todo lo que Yahveh está diciendo. **La siguiente capa de significado es que el pecado corre en la familia.** El pecado, como tu ADN, como el color de tus ojos o tu físico o tu personalidad «peculiar», se transmite de una generación a otra.

El pecado de una generación a menudo se convierte en el pecado de la siguiente generación,

y la siguiente,

y la *siguiente*.

Mi hermana (¡Betes!) acaba de tener un bebé: Birdie James. Ahora, quiero pensar en mi hermosa sobrina recién nacida como inocente, una hoja en blanco. Pero no lo es. Ninguno de nosotros lo somos. Todos venimos al mundo cargando toneladas de equipaje de nuestra línea familiar. Incluso hoy, en la que sin duda es la sociedad más individualista de la historia, tenemos dichos como «de tal palo, tal astilla» o «la manzana no cae lejos del árbol».

Juramos: «Nunca seré como mi padre o mi madre o mi abuelo o esa tía rara por parte de madre». Pero luego, para nuestro desconcierto, vemos los mismos patrones disfuncionales resurgir en nuestra propia vida.

Algunos de nosotros simplemente no podemos escapar de nuestro apellido.

Todo esto me lleva a la última capa, donde llegamos al fondo. Yo diría que es la idea principal: **Porque Yahveh es justo, continuará castigando el pecado en cada generación hasta que desaparezca por completo**.

Dicho de otra manera, no pienses que solo porque Dios castigó a tu padre por idolatría, tú estás libre de culpa por la tuya. Dios te castigará, de la misma manera que castigó a tu padre. De la misma manera que castigó a tu abuelo. De la misma manera que castigó a tu bisabuelo. Porque su objetivo final es un mundo libre de maldad, y no se detendrá hasta que la erradicación del pecado sea completa en tu línea familiar.

Si esto te inquieta, sigue leyendo. La última frase es mi parte favorita:

«hasta la tercera y cuarta generación».

El final es un giro, una sorpresa. Y es increíblemente genial.

La palabra *generación* no está en el hebreo original. Se agregó para que los lectores en otro idioma pudieran entender un modismo hebreo algo torpe. Los eruditos señalan que Éxodo 34:6-7 tiene un ritmo poético,[11] y cualquier palabra que venga después de «mil» también podría ir después de «hasta la tercera y cuarta». Así que se podría leer:

«que mantiene su amor hasta mil *generaciones...*

y

castiga la maldad de los padres en los hijos hasta la tercera y cuarta *generación*».

Pero de manera más literal, podríamos traducirlo así:

«que mantiene su amor hasta mil...

y

castiga la maldad de los padres en los hijos hasta la tercera y cuarta».

¿Lo ves?

Imagina una balanza en tu mente. No la de tu baño que te hace sentir culpable por la pizza que comiste anoche, sino la de Lady Justice en Washington, D.C., con un punto de apoyo en el centro y un peso a cada lado.

Ahora imagina que está desequilibrada.

De un lado está la misericordia de Yahveh.

Del otro, la justicia de Dios.

Pero están completamente desniveladas. La imagen aquí es la de una balanza inclinada hacia el lado de la misericordia. Sí, Él castiga hasta la tercera y cuarta generación, pero «mantiene su amor hasta *mil generaciones*».

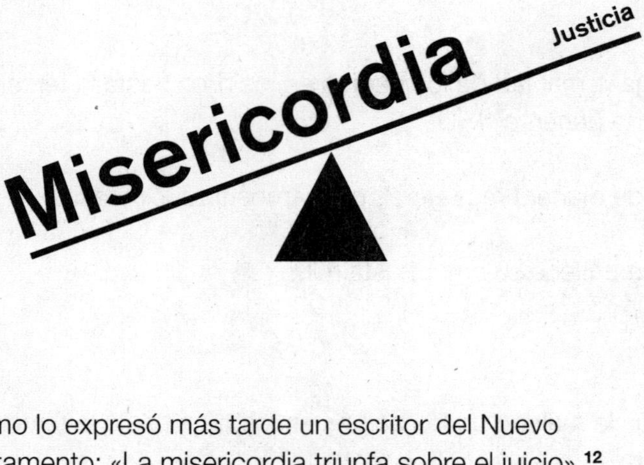

Como lo expresó más tarde un escritor del Nuevo Testamento: «La misericordia triunfa sobre el juicio».[12]

Yahveh es justo. Y eso es una buena noticia. Por ello podemos esperar un futuro mejor. Pero también es perdonador. No puede evitar mostrar misericordia; es quien es. Y cuando su justicia y su misericordia chocan entre sí, cuando entran en conflicto, se enfrentan y parecen estar en oposición, *la misericordia siempre gana.*

DOS: Historias

Vemos esta tensión en el carácter de Yahveh, esta lucha interna entre su misericordia y su justicia, desarrollarse a lo largo de las Escrituras.

Quiero llevarte a una narración de Números 14. Es una de las pocas historias donde se cita la segunda mitad de Éxodo 34:6-7. Normalmente, los redactores de las Escrituras solo citan la primera parte, sobre cómo Yahveh es compasivo, clemente y lento para la ira. Y eso tiene sentido. Tendemos a enfocarnos en los aspectos de Dios que nos gustan y a dejar de lado las partes que no. Pero en Números 14, encontramos una referencia a la parte difícil del pasaje.

Aquí está el contexto: Israel está en un momento crítico. Finalmente han llegado al borde de Canaán, este nuevo y exótico hogar hacia el que han estado viajando por más de un año. Como se diría en el 1500 a.C., «una tierra donde abundan la leche y la miel».[13] Pero cuando llegan, descubren que la tierra está llena de amalecitas, una tribu bárbara y despiadada de antiguos guerreros. Y, además, tienen *gigantes*. En un mundo de combate cuerpo a cuerpo, los gigantes son como armas nucleares.

¿Qué oportunidad tiene un grupo de campesinos y exesclavos contra *eso*?

Así que el pueblo se rebela. Se niegan a cruzar el río Jordán. «¡Escojamos a un nuevo líder y regresemos a Egipto!», dicen.[14]

Moisés y su hermano Aarón hacen todo lo posible por calmar al pueblo de Israel. Pero no sirve de nada: «Toda la comunidad hablaba de apedrearlos».[15]

El problema es que el pueblo no confía en Yahveh. En el fondo, no creen realmente que Él sea compasivo y clemente, un Dios con el amor de un padre que cuida de sus hijos. Entonces pecan.

El pecado, en su raíz, es no confiar en Dios.

Queremos reducirlo a la tentación y a la falta de autocontrol, y en parte lo es. Pero, en realidad, detrás de la fachada, el pecado es una falta de confianza en el carácter de Yahveh.

Pensemos en Adán y Eva en el Jardín del Edén. Yahveh pone dos árboles en el centro del jardín. Uno es el «árbol de la vida»: si comen de él, vivirán para siempre. El otro es el «árbol del conocimiento del bien y del mal», pero está prohibido. Si comen de ese árbol, Dios les advierte: «Sin duda [morirán]».[16]

Un árbol representa la vida.

El otro, la muerte.

Bastante claro, ¿verdad?

Pero ¿qué le dice la serpiente a Eva?

«¡No es cierto, no van a morir! Dios sabe muy bien que cuando coman de ese árbol se les abrirán los ojos y llegarán a ser como Dios».[17]

¿Ves lo que está haciendo la serpiente? ¿Cuán sutil e inteligente es? Está insinuando que Eva no puede confiar en Dios. Que Dios tiene motivos ocultos, una agenda secreta. Que en realidad no busca su bienestar.

Así que Eva tiene una decisión que tomar: confiar en Dios, tener fe en que Él quiere lo mejor para ella. *O* confiar en la serpiente y en su propio juicio. Seguir sus sentimientos.

¿Y en quién confía Eva?

Exactamente.

Ahora, si eres nuevo en la Biblia, una historia sobre una serpiente parlante y una mujer desnuda hablando *pársel* frente a un árbol mágico puede sonar ridícula. Te entiendo.

¿Estamos leyendo un cuento? ¿Poesía? ¿Una parábola?[18]

Sinceramente, eso es secundario.

Lo importante es que, *desde el principio de la historia*, los seres humanos somos pésimos para confiar en Dios. La sangre de Eva corre por nuestras venas. Todos hemos estado ahí, con la fruta en la mano, escuchando la voz de la serpiente en nuestro oído. Todos hemos tomado la decisión equivocada, tan solo porque no confiamos en el nombre de Dios.

Eso es exactamente lo que vemos en Números 14. El pueblo no confía en Yahveh. Y por eso pecan: se rebelan abiertamente y se plantan obcecados en el lado equivocado del Jordán.

¿Y qué sucede? Nada bueno.

Yahveh le dice a Moisés: «¿Hasta cuándo esta gente me seguirá menospreciando? ¿Hasta cuándo se negarán a creer en mí, a pesar de todas las maravillas que he hecho entre ellos? Voy a enviarles una plaga que los destruya, pero de ti haré un pueblo más grande y fuerte que ellos».[19]

Básicamente, Yahveh está diciendo que empezará de nuevo con Moisés. Cabría pensar que Moisés respondería: *¡Fantástico!* Israel es un dolor de cabeza. Nada más que problemas para el profeta. Pero Moisés está empezando a reflejar el carácter de su Dios. Así que le responde a Yahveh: «Cuando los egipcios se enteren de lo ocurrido…».[20]

Está negociando con Dios, sugiriéndole que piense en su *nombre*, en su reputación, en lo que pensarán las demás naciones sobre Él.

Entonces, Moisés le cita *a Yahveh* las palabras de Éxodo 34:6-7:

«Ahora, Señor, ¡deja sentir tu gran poder! Tú mismo has dicho: "El Señor [Yahveh] es *lento para la ira y grande en amor, perdona la maldad y la rebeldía, pero no tendrá por inocente al culpable, sino que castiga la maldad de los padres en sus hijos hasta la tercera y cuarta generación*". Entonces, por tu gran amor, perdona el pecado de este pueblo, tal como lo has venido perdonando desde que salió de Egipto».[21]

De nuevo: Moisés está pidiéndole a Yahveh que sea *Yahveh*, que sea fiel a su carácter.

Que sea perdonador.

Y Yahveh responde de inmediato: «Me pides que los perdone y los perdono».

Cuando se trata de misericordia, no tienes que forzar a Dios.

Si esta historia te da sensación de *déjà vu*, es por una buena razón. Esta es la *segunda* vez que Yahveh estaba a punto de destruir a Israel, y la *segunda* vez que Moisés lo convenció de no hacerlo, la *segunda vez* que Dios *naham*, o cambió de opinión.

Y ya sabes lo que dicen cuando Dios repite algo…

Amo las historias como esta porque destruyen la imagen de un Dios frío, robótico, allá en el cielo, dirigiendo el universo como una máquina automatizada, como si el futuro estuviera completamente predeterminado. En cambio, Yahveh es una *persona*. Es Dios, sumido en un misterio que jamás comprenderemos, pero, de alguna manera, cuando oramos, Él escucha y… ¿Listo para decirlo de nuevo? *¡Responde!* Él es interactivo, accesible y abierto a sugerencias.

Pero ese punto ya lo he dicho. Como doce veces. Porque si realmente quieres que un punto quede claro, debes…

Ok, ya me detengo.

Esta historia aún no ha terminado. La siguiente línea es escalofriante.

«*Pero tan cierto como que yo, el Señor, vivo... ninguno... verá jamás la tierra que, bajo juramento, prometí dar a sus antepasados...* También entrarán en la tierra los niños que ustedes dijeron que serían botín de guerra. Y serán ellos los que gocen de la tierra que ustedes rechazaron. Pero los cadáveres de todos ustedes quedarán tirados en este desierto. Durante cuarenta años los hijos de ustedes serán pastores por el desierto. Cargarán con esta infidelidad».[22]

Vaya, eso es un gran golpe: «tan cierto como».

Yahveh fue perdonador. Ellos seguían siendo su pueblo. La misericordia salió ganando. Pero toda una generación terminó muriendo en el desierto.

Tan cierto como...

Simplemente no eran el tipo de personas que podían entrar a la tierra. Dios tuvo que esperar a que una nueva generación se levantara, y volver a intentarlo.

Y noten el punto en cuestión: ¡Los hijos sufren por el pecado de los padres! Vagando detrás de mamá y papá en el desierto.

El punto de esta historia es este: **Yahveh es perdonador, *pero el pecado no lo es*.**

El pecado es *im*placable, sin misericordia, mezquino y cruel.

Nuestro pecado tiene consecuencias. Podemos perder bendiciones irremediablemente. Podemos terminar como Israel: perdonados, sí, pero perdidos en el desierto sin rumbo.

Para usar mi gastada analogía, supongamos que tuviera un amorío, engañara a mi esposa, traicionara a mi familia, profanara la naturaleza misma de la confianza. Y supongamos que me arrepintiera, rompiera con ello y regresara arrastrándome a mi familia y a mi Dios. No tengo dudas de que Dios me perdonaría.

Pero pasaría el resto de mi vida recogiendo los pedazos.

En el mejor de los casos, mi matrimonio sufriría una catástrofe de confianza; en el peor, podría terminar de manera rápida y terrible. Me llevaría años recuperar el respeto de mis hijos, si alguna vez lo logro. Soy pastor, así que perdería mi trabajo de inmediato. Entre la falta de habilidades que pueda tener y mi obligación de pagar pensión alimenticia, rápidamente caería en la pobreza. Estoy seguro de que mi comunidad me apoyaría, pero mi reputación llevaría un estigma consigo. Me tomaría décadas reconstruir una copia barata de la vida que una vez tuve.

Sí, no planeo engañar a mi esposa *jamás*.

Pero entonces, ¿quién lo hace?

Lo que estoy diciendo es que necesitamos tomar el pecado *mucho más en serio*.

Si tu corazón está pesado y te sientes enfermo de solo pensarlo, bien, esa es la respuesta emocionalmente madura y saludable ante la gravedad del pecado.

¿Dios perdona? Constantemente. ¿Borra la pizarra y ayuda a las personas a empezar de nuevo? Todo el tiempo. ¿Hay sanación en Jesús? Sí.

Pero aún necesitamos lidiar con el peso del pecado, porque ¡no queremos perder las bendiciones! No queremos mirar al otro lado del Jordán, justo en el umbral de la vida que Dios tiene para nosotros, solo para tirarlo todo y pasar años de nuestras vidas en arrepentimiento.

TRES: Jesús

Entonces, existe una tensión aquí entre la misericordia y la justicia, que viene desde hace mucho tiempo. Se siente en cada página de la Biblia. A medida que la historia avanza, comienzas a pensar: *¿cómo Dios va a resolver esto?*

Y la resolución llega por fin, no en una brillante conferencia de un conocido teólogo, sino en un rabino de Nazaret llamado Jesús.

Recuerda la alusión a Éxodo 34 del evangelio de Juan sobre cómo «el Verbo se hizo hombre y habitó entre nosotros».[23] Bueno, Juan continúa diciendo que Jesús es «el Cordero de Dios, que quita el pecado del mundo».[24]

¿Cordero de Dios?

¿Oveja de Yahveh?

Esto hace referencia a la rica y antigua tradición hebrea del sacrificio animal. Durante más de mil años, la forma en que Yahveh lidiaba con el pecado era a través de sangre.[25] Si cometías un error (o tal vez sería mejor decir, *cuando* cometías un error), ibas al templo en Jerusalén, y llevabas un animal contigo, usualmente un cordero. Ponías tu mano sobre la cabeza del animal, y el sacerdote le cortaba la garganta y quemaba su cadáver en el altar. El cordero sufriría y moriría en *tu* lugar.

Pecas. El cordero muere.

El cordero muere. Tú vives en el favor de Dios.

Aunque esto suene sangriento, premoderno y no vegano, todo era una señal que apuntaba hacia adelante a Jesús. Queda claro, a lo largo de todo el Antiguo Testamento, que todo el sistema sacrificial era temporal. Era una solución provisional hasta que Yahveh ideara una mejor forma de reconciliar su misericordia y justicia.

Mientras tanto, era brillante. Yahveh estaba introduciendo a su pueblo en lo que los teólogos llaman «expiación sustitutiva», la idea de que alguien más puede morir en tu lugar. Alguien más puede tomar el castigo por tu crimen. Era una idea revolucionaria en esa época.

Durante un milenio, ese «alguien más» era un cordero.

Hasta Jesús, el «Cordero de Dios».[26]

Una de las reflexiones más sorprendentes sobre el significado de la muerte de Jesús se encuentra en *Romanos*. Está llena de lenguaje sobre cómo Jesús es el sacrificio que pone fin a todos los sacrificios. Cómo murió en *nuestro* lugar.

Pablo escribe: «Dios lo ofreció como un sacrificio para obtener el perdón de pecados, el cual se recibe por la fe en su sangre. Así demostró su justicia, porque a causa de su paciencia, había *pasado por alto* los pecados pasados. Lo hizo para demostrar en el tiempo presente su justicia. De este modo Dios es justo y, a la vez, el que justifica a los que tienen fe en Jesús».[27]

Con un juego de palabras ingenioso, Pablo está diciendo que la muerte de Jesús es la solución al antiguo dilema de la misericordia y la justicia de Dios.[28] La cruz es una expresión de la misericordia de Yahveh, es su manera de «perdonar la maldad, la rebelión y el pecado». Pero también es una expresión de la justicia de Dios: «no tendrá por inocente al culpable».

Él es justo…

y Él es el justificador.

En este momento vemos, con mayor claridad que nunca, qué es Yahveh. La reconciliación de la misericordia y la justicia de Dios en la muerte de Jesús es la expresión máxima del carácter de Dios. La tensión finalmente se resuelve. Es parte de la naturaleza de Dios mostrar misericordia y perdonar, pero también es parte de su naturaleza lidiar con el pecado, y estas dos partes de la persona de Dios (que aparentemente estuvieron en desacuerdo durante tantos años) finalmente se encuentran en la cruz en hermosa armonía.

Abre los ojos: *así es Dios.*

A pesar de todo lo que se habla en la Biblia sobre la ira de Yahveh, nadie debe acusar a Yahveh de ser malo. Sí, se enoja, pero toma esa ira *sobre sí mismo*. No nos hace a ti y a mí pagar por nuestro pecado. Él paga por ello con la moneda de su propia sangre.

Pecamos. Jesús muere.

Jesús muere. Vivimos en relación con el Padre.

Bienvenidos al reino de Dios, amigos míos.

Piensa en lo categóricamente diferente que es esto en comparación con todos los demás «dioses». ¿Recuerdas a Artemisa y al rey Agamenón? La diosa estaba tan enojada que hizo que el rey sacrificara a su propia hija.

Pero *este* Dios, el único y verdadero Creador, no nos pide que entreguemos a nuestros hijos como sacrificio humano. En lugar de eso, *Él* entrega a *su* Hijo.

Y Jesús no está actuando por su cuenta; es el Padre y el Hijo trabajando juntos. Durante toda mi vida he escuchado decir a predicadores: «El Padre derramó su ira sobre el Hijo». Pero no estoy seguro de que esto sea correcto. Rápidamente regresa a la vieja y desgastada caricatura del Padre como malo y gruñón, buscador de sangre, y de Jesús como el dulce y tranquilo pacifista que termina muriendo en la cruz, víctima de los problemas de ira del papá.

Pero los escritores del Nuevo Testamento nunca dicen que el Padre «derramó su ira sobre el Hijo». Piensa en esto: el Padre no estaba enojado con Jesús. Jesús era su *Hijo*. Estaba «muy complacido» con Jesús.[29] Además, ¿qué padre mataría a su hijo para hacer justicia? El Padre estaba enojado con el *mal*. ¡Y Jesús también! Ambos estaban sufriendo por el efecto dominó del pecado en el mundo. La cruz fue la expresión del Padre y el Hijo *trabajando juntos*, de forma sincronizada, para reunir misericordia y justicia; para absorber todo el pecado del mundo, y el mal que crea, en la muerte de Jesús, y para liberar toda la vida de Dios en la resurrección.[30]

¡Guau!

Tal vez quieras tomarte un minuto…

CUATRO: Nosotros

Llegamos al final.

Es un sentimiento agridulce, ¿verdad?

Terminemos como comenzamos, con buenas noticias, pero, primero, vamos con lo no tan bueno, porque ya está claro que *no* eres un vago.

La línea final de Éxodo 34 es esperanza y advertencia a la vez.

La advertencia es esta: **Yahveh tratará con el pecado en nuestras vidas, de una forma u otra.** Tal vez no tomemos el pecado tan en serio, pero Él sí lo hace. Hasta el punto de la muerte, literalmente.

El pecado deshumaniza. No hay mejor palabra para describirlo. Cuando pecamos, nos convertimos en algo menos que humanos; no alcanzamos el objetivo de todo lo que nuestro Creador planeó para nuestras vidas. Por eso, usualmente Dios no tiene que mover un dedo para castigar nuestro pecado. Porque el pecado es su propio castigo.

Por ejemplo…

El castigo por la pornografía es una mente distorsionada, una incapacidad de ver a las mujeres (o a los hombres) como algo más que objetos para nuestro deseo, una ruptura de la intimidad con tu cónyuge y una erosión del placer sexual.

El castigo por mentir y engañar es que, finalmente, te pillan. *Siempre* te pillan. Y la casa de cartas que es tu vida se desmorona en segundos.

El castigo por chismear es que, finalmente, la gente deja de confiar en ti, y te quedas no solo resentido, enojado y cínico, sino también solo, con una ignorancia fantasmagórica de lo que otros dicen de ti. La paranoia se convierte en tu estado mental habitual.

Y cuando seguimos pecando, una y otra vez, a pesar de la misericordia de Dios, acabamos arriesgándonos a que la mano de Dios se vuelva contra nosotros. Créeme, no quieres a Dios como enemigo.

Los redactores de las Escrituras hablan del temor de Yahveh. Esta frase se usa a lo largo de toda la Biblia. No puedo decirte cuántas veces he escuchado a la gente explicarlo de otra manera. Dicen algo parecido a: «El temor no significa realmente temor. Significa reverencia o respeto».

Es gracioso, porque dice *temor*. Las Escrituras tienen docenas de historias sobre hombres y mujeres que encuentran a Yahveh, y en casi todas ellas, tienen *miedo a morir.* Quiero decir, miedo de limpiar el suelo después. Yahveh es aterradoramente bueno.

Como lo expresó el autor de Hebreos: «¡Es aterrador caer en las manos del Dios vivo!».[31]

Me hace pensar en mi infancia. Tuve un padre increíble. Nadie es perfecto, pero Él fue realmente asombroso. Pese a eso, recuerdo la escalofriante frase que mi mamá me decía cuando cometía un error realmente grande: *Espera a que tu padre se entere de esto*. Pasaba el resto del día temiendo la ira que venía. Mi padre nunca fue, ni por asomo, maltratador o violento, ni siquiera cruel. Pero él trataba con mi pecado, porque veía algo mejor en mí.

Ahora que soy papá, amo demasiado a mis tres hijos como para hacer la vista gorda a su pecado. No lo excuso, no lo ignoro ni lo barro debajo de la alfombra. Quiero que *desaparezca* de sus vidas. Quiero que crezcan en todo aquello para lo que Dios los creó. Mi trabajo como padre es ayudarlos a liberarse del equipaje que les impediría vivir una vida plena.

De la misma manera, la misericordia paternal de Yahveh no tiene fin. Pero eso no significa que no tratará con tu pecado. De hecho, significa que lo tomará aún *más* en serio, porque eres su hijo.

Pienso en la famosa línea en Hebreos sobre cómo «el Señor disciplina a los que ama… pues Dios los está tratando como a hijos. Porque, ¿qué hijo hay a quien el padre no disciplina?… entonces son bastardos y no hijos legítimos».[32]

Hay una niña en nuestro vecindario que es una futura genio criminal. La próxima Capone. En serio. Cuando mis hijos la ven, literalmente corren en la dirección opuesta. Pero no la disciplino, sobre todo porque es ilegal, tristemente, pero también porque *no es mi hija*.

De vez en cuando, oigo decir: «Dios nunca castiga a sus hijos».

¿Espera… qué?

¡*Por supuesto* que lo hace! Todo buen padre lo hace. Si eres hijo de Yahveh, puedes *esperar* su disciplina en tu vida. Después de todo, eres amado. Amado profundamente.

Tal vez necesites dejar este libro y arrepentirte. Y por «arrepentirte» no me refiero solo a sentirte culpable o a estar melancólico por unos días; me refiero a un remordimiento genuino seguido de un cambio de vida. Lleva tu pecado directamente a Jesús. No lo escondas, no mientas sobre él ni busques excusas. Solo llévalo a Él y deja que lo tome. Que lo absorba en la cruz. Que rompa su poder sobre ti en la resurrección. Que te haga libre.

Y esa es la buena noticia, la esperanza: **podemos liberarnos del pecado, incluso del pecado que se ha repetido por generaciones.** La esperanza de «hasta la tercera y cuarta generación» es que no tenemos que repetir los errores de nuestros padres, abuelos y bisabuelos. Podemos salir de la rueda del hámster. Recuperar nuestra humanidad. No tenemos que seguir atrapados. Si vives bajo la sombra del pecado generacional, si vives con el temor de terminar como tu padre o tu madre, escucha: lo que fue cierto para ellos *no tiene que ser cierto para ti.* Puedes cambiar la trayectoria de tu familia. Aquí. Ahora. Con Jesús. Puedes llevar tu pecado a Jesús, arrepentirte y ver cómo las esposas del porno, la mentira, el chisme, la avaricia, la envidia, la amargura (o *lo que sea* en tu caso) se sueltan de tus muñecas y caen al suelo con estruendo.

¿Lo has hecho?

Si es así, estás perdonado.

De verdad. Total y sinceramente perdonado delante de Dios.

¿Tienes idea de la realidad asombrosa que es esto? Tus pecados se han *ido*. Para siempre. Como dice el salmo (después de citar Éxodo 34, por cierto): «Tan lejos de nosotros... como lejos del oriente está el occidente».[33] Esa es una forma poética de decir que tus pecados nunca volverán a perseguirte. La cuenta está saldada.

Y si estás leyendo este libro y aún no eres un seguidor de Jesús (no todavía), bueno, ya llegaste hasta aquí. Eso es impresionante. De verdad.

¿Estás listo para el siguiente paso?

Puedes traer todo lo bueno y lo malo, la esperanza y el dolor, el éxito y el fracaso que forman tu vida ante Jesús. Aquí. Ahora. Y puedes entregárselo todo, y a cambio, recibir misericordia. También puedes ser perdonado.

Puedes convertirte en hija o hijo de Dios con acceso total al Padre. Sin nada que se interponga en tu relación con Él. Todo tu pecado desaparecido. *Terminado*. *Finito*. Nada entre tú y el Creador de todo.

Esto es lo único que puedo decir: bienvenido a la familia.

Ahora, para acabar...

Si estás pensando: *Todo eso está muy bien, John Mark, pero ya lo hice. Sé que soy una hija, un hijo. Sé que estoy bien con Dios. Pero todavía estoy barriendo los escombros del desastre que provoqué hace cinco años. Hace una década. Hace dos décadas. Eso que dijiste sobre cómo podemos perdernos bendiciones de manera irrecuperable... sí, lo entiendo. Es la historia de mi vida.*

Como seguidores de Jesús, tenemos la esperanza de una vida eterna con Dios en un mundo liberado del mal, y eso es maravilloso. Pero hay mucha vida entre ahora y entonces, y si hemos cometido errores que nos han cambiado la vida, nadie quiere pasar el resto de sus días sumido en el arrepentimiento.

Terminemos con una última cita de Éxodo 34. No hemos tenido tiempo de ver todas las referencias en la Biblia, pero esta no *podemos* dejarla fuera, y no se me ocurre un mejor momento para incluirla. Es del profeta Joel. No sabemos mucho sobre su libro, pero es claro que escribe en un tiempo de crisis en Israel. Algún tipo de desastre ha arrasado el país, como una plaga de langostas sobre un campo.

Pero Joel tiene un mensaje de Yahveh:

> «Ahora bien», afirma el Señor,
>   «vuélvanse a mí de todo corazón,
>   con ayuno, llantos y lamentos».
> Vuélvanse al Señor [Yahveh] su Dios,
>   porque él es misericordioso y compasivo,
> lento para la ira y lleno de amor,
>   cambia de parecer y no castiga.
> Tal vez Dios reconsidere y cambie de parecer,
>   y deje tras de sí una bendición.[34]

Me encanta la forma en que Joel parafrasea la idea de «perdonar la maldad, la rebelión y el pecado, pero no dejar impune al culpable». Joel simplemente dice: «Cambia de parecer y no castiga».

Y entonces Joel termina con una pregunta provocativa: «¿Quién sabe?» (NTV). Dios incluso podría cambiar de parecer y dejar tras de sí una bendición.

Es cierto que el pecado es increíblemente cruel. Y es cierto que cuando pecamos, a menudo perdemos bendiciones de manera irrecuperable.

Pero es aún *más* cierto que Yahveh es compasivo y misericordioso, lento para la ira, grande en amor y fidelidad, y perdonador de todo pecado imaginable.

Si vuelves…

Si corres de regreso a tu Padre…

Si te refugias en su pecho…

¿Quién sabe?

Podría volverse y *naham…*

Podría responder con misericordia…

Después de tu pecado, cuando las langostas se hayan ido y estés de pie entre las ruinas de la que solía ser tu vida, podrías encontrar tus manos llenas de semillas para una nueva cosecha, la tierra bajo tus pies oscura y fértil, y tal vez, incluso sentir una gota de lluvia en tu mejilla…

Epílogo

Celos

Ayer, mi hijo de seis años me dijo que es un pésimo escalador.

Estábamos en la cocina preparando la cena, y me habló sobre una fiesta de cumpleaños programada para el fin de semana. Al parecer, los padres del cumpleañero habían alquilado todo un gimnasio de escalada en roca para celebrar a lo grande (haciendo que el resto de nosotros, los padres, quedemos mal; ¡gracias por eso!). Para mí, sonaba como el paraíso de un niño de seis años, pero *nooo*. Mo estaba realmente nervioso. Tenía miedo de trepar… y caer.

Fue entonces cuando confesó: «Papi, soy demasiado malo para escalar».

Aquí está el detalle: *nunca* ha escalado en su vida. Ni una sola vez.

Pero cuando imagina subir una pared de 6 metros [20 pies] con sus propias manos, le aterra, porque lo único que puede imaginar es que caerá al suelo.

¿Es así como te sientes respecto a las ideas de este libro? ¿Como si escalar la montaña para encontrarte con Yahveh fuera demasiado intimidante? ¿Como si fuera demasiado para una persona «normal» como tú?

Comenzamos este libro en la cima del monte Sinaí, donde seguramente hubo escalada de por medio. Terminemos en el mismo lugar. Quiero mostrarte lo que sucede *después*.

Después de que Dios le dice su nombre a Moisés (Yahveh), el mismo Dios que es compasivo y misericordioso, y todo lo que hemos mencionado, leemos esto: «Enseguida Moisés se postró en tierra y adoró al Señor».[1]

Porque la única respuesta lógica y apropiada ante un Dios *así* es la adoración.

Toda adoración es una respuesta a quién es Yahveh.
Y cuando digo «adoración», no me refiero solo a cantar unas cuantas canciones en la iglesia el domingo. La adoración es una vida entera orientada en torno al asombro y la maravilla de la naturaleza de Dios.

Hemos hablado mucho sobre cómo Dios *responde*.

¿Adivina qué? *Nosotros también.*

¿De qué manera?

Simple: adoramos.

No adoramos a Yahveh para manipularlo y obtener su bendición, para ganarnos su favor o estar en su «lado bueno». No. Él es *compasivo* y *misericordioso*. *Ya* estamos en su lado bueno.

Y no adoramos a Dios para mitigar su ira, como si fuera una deidad implacable esperando desatar su furia ante la más mínima infracción. No, Él es *lento para la ira*.

Tampoco adoramos a Dios porque nuestra vida se esté desmoronando y necesitemos que «el de arriba» intervenga en una emergencia. No, Él es *grande en amor y fidelidad.*

Adoramos a Yahveh porque Él es *Yahveh*.

Cuando ves más allá de todos los mitos y conceptos erróneos sobre Dios, y el carácter de Yahveh comienza a revelarse con claridad, ¿qué más podrías hacer sino adorarlo?

Así que encontramos a Moisés postrado en el suelo, pero no se queda ahí. Se levanta y hace una petición audaz y atrevida…

«SEÑOR», dijo, «si realmente cuento con tu favor, ven y quédate entre nosotros. Reconozco que este es un pueblo terco, pero perdona nuestra iniquidad y nuestro pecado, y adóptanos como tu herencia».

Moisés está suplicando a Yahveh que permanezca en relación con Israel, incluso después de que se desviaron para adorar al becerro de oro. Pero a estas alturas ya deberías saber que Yahveh no necesita mucha persuasión. En la siguiente línea, Él responde: «Mira el pacto que hago ahora… A la vista de todo tu pueblo haré maravillas que ante ninguna nación del mundo han sido realizadas».

No solo Yahveh «irá con» Israel, sino que ellos se convertirán en el escenario donde su historia se desarrollará ante el mundo. Como nación, serán un teatro viviente para que todas las naciones observen atentamente, para ver cómo es Yahveh y, finalmente, llegar a adorarlo también.

Pero entonces Yahveh pronuncia algo inesperado: «Ten mucho cuidado de no hacer ningún pacto con los habitantes de la tierra que vas a ocupar, pues de lo contrario serán para ti una trampa. Derriba sus altares, haz pedazos sus piedras sagradas y sus imágenes de la diosa Aserá. No adores a otros dioses, porque el Señor es extremadamente celoso. Su nombre es Dios celoso».[2]

Espera, ¿Yahveh es… *celoso*?

Anoche estaba leyéndole este pasaje a mis hijos antes de dormir, y Jude, mi hijo de nueve años, me interrumpió: «Espera, papá, para. ¿Por qué Dios es celoso? ¿No es eso algo egoísta? Quiere que Israel lo adore solo a Él, o se enoja. ¿Eso está bien?».

Buena pregunta.

Dios es celoso, pero no es el tipo de celos de un novio posesivo, controlador e inseguro, que revisa el teléfono de su novia cuando ella sale de la habitación. Son los celos de un esposo amoroso, fiel y apasionado, que lucha por mantener alejados a todos los demás amantes del dormitorio. Son los celos de una madre que pelea para mantener a su hijo adolescente alejado del traficante de drogas del barrio.

Pero aquí hay algo interesante: el texto también se puede traducir:

«cuyo nombre es Dios celoso»

o

«porque el Señor es celoso de su nombre».

Yahveh es celoso de su reputación. De hecho, que las personas lleguen a verlo tal como es en realidad es uno de los temas centrales de la Biblia. Ahí es donde entramos nosotros. Porque Yahveh mantiene una relación con nosotros, existe una relación simbiótica entre su *nombre* (su reputación) y la forma en que nosotros, el pueblo de Dios, *vivimos*.

Porque el nombre de Yahveh también es *nuestro* nombre.

A lo largo de las Escrituras, leemos que a Israel se le llama *por el nombre de Yahveh*.[3] La idea aquí es que tenemos una relación íntima, parecida a la de una familia, con el Creador, como la de un cónyuge o un hijo.

El apellido de soltera de mi esposa era Jáuregui. Su abuelo era un conde del País Vasco, en España. Lamentablemente, ella no es rica, pero sigue siendo un apellido realmente genial.

Sin embargo, cuando se convirtió en mi esposa, tomó un nuevo apellido: Tammy Comer. No es tan llamativo, pero es mucho más fácil de pronunciar. Ahora, a ella se le «llama por mi nombre». Lo mismo ocurre con mis hijos. Incluso mi hija adoptiva lleva ahora mi apellido: Sunday Comer.

¿Ves la idea? Como pueblo de Dios, llevamos su nombre. Pero a esta increíble relación, como la de un matrimonio o de una familia que tenemos con Yahveh, le acompaña una responsabilidad asombrosa: reflejar y mostrar al mundo quién es Dios.

Lo que Yahveh quiere es un pueblo vivo y vibrante que levante en alto su nombre. Que muestre al mundo quién es Él, no solo con palabras, sino con la manera como *vivimos*.

Esto es lo que Yahveh busca: un pueblo «piadoso», que sea como el Dios al que adoran.

Un pueblo compasivo…

Un pueblo lleno de misericordia…

Un pueblo lento para la ira…

Un pueblo que abunde en amor y fidelidad…

Y un pueblo que viva en la tensión de la misericordia y la justicia.

¿No sería algo realmente impresionante?

Así que, para concluir, déjame decirte que ha sido un placer acompañarte en este viaje.

Mi palabra final es esta: no tengas miedo de subir la montaña. Adéntrate en el humo y el fuego. Dedica tu vida a la búsqueda de este Dios aterradoramente bueno.

Si caes en el camino, si te raspas las rodillas, si pierdes terreno, está bien. Inténtalo de nuevo.

Y recuerda: en cada lugar donde pongas tu pie, llevas el nombre.

No eres un mero barista: eres un ejemplo vivo, que respira, de lo que Yahveh es.

No eres un mero ingeniero de software o un emprendedor en una empresa emergente tecnológica. Eres un templo con piernas, una casa de Dios.

No eres un mero estudiante universitario, una bailarina profesional, un padre o una madre a tiempo completo. Eres un intermediario entre el cielo y la tierra.

Así que, mientras pones este libro en una estantería y continúas con tu vida, recuerda esto:

No estás bajando simplemente al mercado a recoger la cena,

estás llevando el nombre.

No estás pasando simplemente por la oficina para una reunión,

estás llevando el nombre.

No estás simplemente yendo al parque de perros para dejar que Toto libere algo de energía,

estás llevando el nombre.

Dondequiera que vayas…

En todo lo que hagas…

Se te llama por el nombre de Yahveh.

Y es un nombre realmente bueno.

Gracias

A Gerry (también conocido como el Dr. Breshears), por presentarme Éxodo 34:6-7 como posiblemente «el pasaje más citado *en* la Biblia *por* la Biblia», y también por leer mis enseñanzas cada semana, responder a mi interminable batería de llamadas telefónicas con preguntas aleatorias de teología y, en general, por ser mi pastor y amigo.

Al Dr. Tim Mackie —la única persona con doctorado que conozco que va en patineta al trabajo—, por aquel día en la oficina, dibujando en una pizarra y dándome páginas de material para este libro. Y por ser brillante *y* amable.

A la Iglesia Bridgetown, ancianos y personal. ¡Los amo tanto! Gracias por dejar que me escabullera para escribir este libro y, sobre todo, por «practicar el camino de Jesús, juntos, en Portland». Sigo creyendo que apenas estamos comenzando.

A Lauri Root, por darme las llaves de su dulce casa de huéspedes en Balboa Island. Los mejores capítulos fueron escritos bajo el sol en tu balcón de arriba. ¡No es sorprendente! California en marzo es el cielo en la tierra para un habitante de Portland. Agradecido.

A los Comer, a los Jáuregui, a nuestra comunidad y a todos mis amigos cercanos, por todo su amor, apoyo y oración. La familia es la vida.

A todo el equipo de Zondervan: Carolyn McCready (¡¿café pronto?!); Tom Dean, la *leyenda*; Dirk, ¡tienes estilo, señor!; Jennifer; David; Curt; y todos los que ni siquiera conozco. Y, por supuesto, a Skye Jethani por editar este monstruo. Ya estoy trabajando en el siguiente.

A Dave Lomas, por ser un gran amigo.

A T. por decir sí hace quince años. ¿Broder Nord, viernes por la mañana?

Y, sobre todo, a Yahveh, por ser mejor de lo que podría imaginar.

Notas

Prólogo: El Dios en la cima de la montaña

1. En su defensa, tiene nueve años y *World War Z* [Guerra mundial Z] es la furia en su escuela elemental. Y no, los padres no dejamos que nuestros hijos vean películas de zombis. Todavía.

2. Es la forma de la primera página de la obra de Tozer, *The Knowledge of the Holy* (1961); reed., San Francisco: Harper-SanFrancisco, 1975).

3. Se encuentra en la misma página del libro de Tozer.

4. La fuente de esta cita es cuestión de debate. El filósofo suizo Jean-Jacques Rousseau es el más probable, pero se le acredita a Mark Twain.

5. Es una línea de Génesis 3:5. Una vez que dejamos atrás a la serpiente parlante, es una de las historias más profundas y reveladoras de la condición humana jamás escritas.

6. Fue Chris Martin de Coldplay. Puedes leer un gran artículo sobre su espiritualidad («Coldplay's Quiet Storm» [Tormenta silenciosa de Coldplay] de Austin Scaggs) en www.rolllingstone.com/music/news/coldplays-quiet-storm-20050825.

7. Si quieres aprender más sobre la historia de Dios hasta ahora (en Génesis y Éxodo) ve a www.jointhebibleproject.com y mira los videos del Dr. Tim Mackie sobre estos libros en la serie de la Torá y la serie Leer las Escrituras del

Antiguo Testamento. Una de las mejores cosas que he visto.

8. Éxodo 33:11.

9. Éxodo 33:18.

10. Raymond Ortlund Jr. dijo: «La gloria del Señor… es Dios mismo haciéndose visible, Dios trayendo su presencia hacia nosotros, Dios mostrando su belleza ante nosotros». Esto proviene de *Isaiah: God Saves Sinners* [Isaías: Dios salva a los pecadores] de Ortlund (Wheaton, IL: Crossway, 2005), 237. Esto es muy diferente de cómo usamos hoy la palabra «gloria», donde generalmente significa «fama» o «reconocimiento».

11. Éxodo 33:20. Toda la historia pertenece a Éxodo 33 y 34.

12. Éxodo 33:19.

13. Éxodo 34:5-7.

14. El erudito del Antiguo Testamento W. Ross Blackburn escribe: «Es difícil sobrestimar la importancia de los versículos anteriores. Son la descripción más larga y completa del carácter del Señor que se encuentra en las Escrituras, y… las Escrituras posteriores recurren a ellos con frecuencia» (*The God Who Makes Himself Known: The Missionary Heart of the Book of Exodus* [El Dios que se da a conocer: el corazón misionero del libro del Éxodo], Downers Grove, IL: InterVarsity, 2012, p. 153).

15. Escuché esto por primera vez del Dr. Gerry Breshears del Western Seminary. Él lo obtuvo del Dr. John Sailhamer, famoso erudito del Antiguo Testamento. El Dr. Tim Mackie lo llama «el Juan 3:16 de la Biblia Hebrea». Aquí está la lista breve de dónde se cita: Números 14:18; Salmos 86:15; 103:8; 111:4; 112:4; 145:8; Jeremías 32:18; Joel 2:13; Jonás 4:2; Nahúm 1:3; Nehemías 9:17, 31; 2 Crónicas 30:9. Pero lo que es mucho más difícil de cuantificar son todas las alusiones a esto, para las cuales no tengo espacio en las notas finales. Por ejemplo, «amor y fidelidad», usado aquí por primera vez, se repite cientos de veces en la Biblia.

16. Este no es un libro sobre los "omnis", ni un enfoque de teología sistemática sobre Dios. Hay muchos libros excelentes que abordan a Dios de esa manera. *The Knowledge of the Holy* [El conocimiento de lo sagrado] de A. W. Tozer y *Knowing God* de J. I. Packer son grandes ejemplos. El problema es que todos los «omnis» provienen de una lectura de la Biblia influenciada por la tradición griega y occidental. El método escolástico se basa en la negación: decidir, a partir de la observación, qué es bueno o malo (como, por ejemplo, las emociones o el cambio) y luego afirmar que Dios no tiene atributos negativos, así que, por lo tanto, Él es lo opuesto. El problema es que estas son categorías totalmente occidentales, no categorías hebreas. Solo que, una vez más, este no es un libro sobre eso. Este es un libro sobre el lado relacional de Dios.

17. El Talmud babilónico (un antiguo comentario sobre la Torá) dice que hay trece en la lista, pero la tradición judía no concuerda sobre cuáles son exactamente esos trece. Por lo general, incluyen los siguientes párrafos del pasaje de Éxodo y añaden «celoso» a la lista.

18. Éxodo 3:14.

19. Éxodo 33:18.

Yahveh

1. Michael Knowles, *The Unfolding Mystery of the Divine Name: The God of Sinai in Our Midst* (Downers Grove, IL: IVP Academic, 2012), 27.

2. Génesis 17:5-6.

3. Génesis 32:26.

4. Éxodo 33:19, énfasis añadido.

5. Serían el cristianismo, el judaísmo y el islam.

6. Génesis 17:1.

7. Génesis 14:18-19, 22.

8. Génesis 21:33.

9. Éxodo 3:6.

10. Ver Éxodo 3:13, NTV.

11. Ver los comentarios sobre este pasaje de la porción de Éxodo del Dr. Walter Kaiser, *The Expositor's Commentary* [Comentario del Expositor], vol. 2 (Grand Rapids: Zondervan, 2008), 370-71, 373.

12. Éxodo 3:15.

13. Una palabra raíz es exactamente lo que parece: la base sobre la cual se forman otras palabras. Por ejemplo, «amor» es la palabra raíz de «amoroso» y «amable», entre otras.

14. Éxodo 20:7.

15. Éxodo 3:15.

16. Esta línea pertenece a uno de mis libros favoritos. A. W. Tozer, *The Pursuit of God* [La búsqueda de Dios] (Camp Hill, PA: Christian Publications, 1993), 17.
17. Tomado de Éxodo 6:2-3, NTV.
18. En teología, a esto se le llama revelación progresiva.
19. Regresamos a Éxodo 34:5-7.
20. Juan 1:14.
21. Juan 17:6, 26.
22. Juan 17:6 MSG.
23. Muchas personas que leen la Biblia por primera vez se sienten desanimadas por el lenguaje de «Padre» y «él» para referirse a Dios. ¿Por qué no «Madre»? ¿O «ella»? Para aclarar, estas no son afirmaciones sobre el género de Dios, sino sobre su naturaleza.
24. Para una excelente lectura sobre cómo el evangelio es mucho más que «ir al cielo cuando mueres», recomiendo *Surprised by Hope* [Sorprendido por la esperanza] de N. T. Wright (San Francisco: HarperSanFrancisco, 2007) o mi último libro, *Garden City* [Ciudad Jardín] (Grand Rapids: Zondervan, 2015).
25. Éxodo 33:11.
26. Esta es, por supuesto, mi horrible paráfrasis milenial de Éxodo 33:12-23.
27. El Dr. Breshears solía decir esta frase todo el tiempo en clase cuando estaba en el seminario. Nos ponía a todos incómodos, de una manera positiva. ¡Si quieres saber más, envíale un correo a Gerry!
28. Esta fascinante historia está tomada de Éxodo 32. Esta línea es del versículo 14.
29. Jeremías 18:7-10, NTV, énfasis añadido.
30. Barth afirma esto en su libro *The Doctrine of God: Part 1* [La doctrina de Dios: Parte I], vol. 2 de *Church Dogmatics* [Dogmática de la Iglesia] (Edimburgo: T&T Clark, 1957), 496.
31. ¿Sigues sin aceptarlo? Ve y lee Amós 7:1-6.
32. Para aclarar, no soy calvinista, pero esta visión de Dios es compatible con la teología calvinista. El erudito Bruce A. Ware tiene un gran ensayo sobre esta idea de que Dios cambia. Él aclara la diferencia entre la «inmutabilidad ontológica y ética» de Dios y su «mutabilidad relacional y emocional». El ensayo

aparece en el *Journal of the Evangelical Theological Society* (diciembre de 1986) y se titula «Una reformulación evangélica de la doctrina de la inmutabilidad de Dios»: https://etsjets.org/jets/.

33. Juan 17:26, énfasis añadido.

34. Esto es de Dallas Willard, *The Divine Conspiracy: Rediscovering our Hidden Life in God* [La Conspiración Divina: Redescubrir nuestra vida oculta en Dios] (San Francisco: HarperSanFrancisco, 1998), 244.

35. Santiago 5:16.

36. Para ser justo, Skye editó este libro para mí, y este fue un comentario que me envió por correo electrónico cuando sugirió mejoras para este capítulo. Pensé que era tan bueno que ¡simplemente lo puse! Robar…

37. Larry Hurtado, un tipo brillante. Su libro académico sobre el tema es *Lord Jesus Christ* [Señor Jesucristo] (Grand Rapids: Eerdmans, 2003). Esta cita es de su *At the Origins of Christian Worship* [En los orígenes del culto cristiano] (Grand Rapids: Eerdmans, 2000), 107.

Yahveh

1. La mayoría de los hindúes no practican los sacrificios animales. Pero muchos siguen haciéndolo.

2. El famoso erudito hindú Pandurang Vaman Kane dice esto sobre el karma en los textos del *Dharmasastra*: «Una buena acción tiene su recompensa y una mala acción conduce a la retribución. Si las malas acciones no producen sus consecuencias en esta vida, el alma comienza otra existencia y, en el nuevo entorno, sufre por sus hechos pasados». Esta cita se encuentra en el artículo «Dharmasastra» en la *World Heritage Encyclopedia*, www.worldlibrary.org/articles/dharmasastra.

3. Por supuesto, India está avanzando en la dirección correcta con leyes para proteger a los *dalits* de la discriminación, pero las tradiciones antiguas no desaparecen rápidamente.

4. Si quieres saber más o tal vez incluso ir a visitar, dirígete a hearthecry.org o Indiahappyhome.org.

5. De Marcos 1:15.

6. Honestamente, hay varias teorías sobre por qué su nombre se repite, y nadie lo sabe con certeza. La más probable es que tenga que ver con su deseo de tener una relación con Israel. Pero, sin duda, está enfatizando la importancia de su nombre.

7. Esto es mayormente cierto en el Antiguo Testamento, donde generalmente se le llama «el Señor Dios». En el Nuevo Testamento, que fue escrito en griego, esto cambia un poco.

8. De hecho, *elohim* puede traducirse como singular o plural, dependiendo del contexto. Así que cuando lees «Dios» y cuando lees «los dioses», en realidad estás viendo una traducción de la misma palabra hebrea. En Génesis 1:1, sabemos que «Dios» es la traducción correcta porque el verbo «crear» está en singular, y en hebreo, el sujeto y el verbo siempre concuerdan.

9. Por supuesto, no tenemos forma de saber cuándo se escribió Génesis 1, y mucho menos cuándo ocurrió. Probablemente existió como una tradición oral durante siglos antes de que Moisés (o quien fuera) lo escribiera.

10. Éxodo 12:12.

11. Hay un gran artículo de Ziony Zevit en *Bible Review* (junio de 1990) titulado «Éxodo en la Biblia y las Plagas Egipcias». Puedes encontrarlo en www.biblicalarchaeology.org/daily/biblical-topics/exodus/exodus-in-the-bible-and-the-egyptian-plagues.

12. Esto está en Éxodo 10:21-29. Técnicamente, es la penúltima plaga. La última es la muerte de los primogénitos. Pero eso tiene que ver con el faraón, quien también era visto como un dios en carne humana.

13. Números 33:4.

14. Sería Getro, el suegro de Moisés, en Éxodo 18:11.

15. Éxodo 15:11. Lee todo el poema, especialmente los primeros versículos. Es impresionante.

16. Salmos 86:8; 96:4; 97:7-9. El énfasis es añadido en todos estos ejemplos.

17. Éxodo 20:3. La frase «delante de mí» puede traducirse también «encima de mí» o «en mi lugar».

18. Lo digo sinceramente. Trabajo duro para leer el Antiguo Testamento en su contexto del antiguo Cercano Oriente. Podría ser que Dios simplemente esté hablando a Israel en un lenguaje que entienden, acomodando su visión del mundo incorrecta de muchos «dioses» y dándoles tiempo para ponerse al día con la idea de un solo Dios. Pero no lo creo. Creo que hay algo de verdad en su visión del mundo que continúa bien en el Nuevo Testamento. Tendrás que juzgar por ti mismo.

19. La historia se cuenta en Éxodo 7–12.

20. Deuteronomio 6:4-5.

21. 1 Reyes 11:2-4, el énfasis es añadido.

22. 1 Reyes 11:5-7.

23. Esto está en Daniel 10:13.

24. Daniel 10:20.

25. Aquí está la trágica lista: http://en.wikipedia.org/wiki/List_of_shootings_in_Colorado.

26. Ver también 1 Reyes 22:19-23: Amos 7:9; Job 1–2; Salmos 29:1; 82:6; 89:7; Jeremías 23:16-22.

27. Ver otras versiones.

28. Salmos 89:5-8 es otro gran ejemplo. Ve y léelo. Es una locura.

29. Tomado del libro de Aaron Chalmer, *Interpreting the Prophets* (Downers Grove, IL: InterVarsity, 2015), 12.

30. Salmos 82:2-4.

31. Para estar claro, hay una interpretación alternativa legítima a la que estoy dando. Hay un lugar, en Éxodo 22:7-9, donde casi todos traducen *elohim* como «jueces», y parece que los jueces humanos están en vista. Ese podría ser el significado aquí, pero realmente no lo creo, porque el lenguaje del consejo divino no tiene sentido. Además, Jesús cita el Salmo 82:6 en Juan 10:34. También es un pasaje notoriamente difícil de interpretar, pero como lo veo, leer *elohim* como jueces humanos parece hacer que todo el argumento de Jesús no tenga sentido. Hace que suene como si él estuviera retrocediendo de sus afirmaciones de ser la encarnación de Dios. Parece mucho más probable que Jesús esté citando el Salmo 82 —un poema bien conocido sobre los «dioses»— y usándolo para fortalecer su argumento: si estos seres espirituales corruptos son llamados «dioses», ¿por qué es tan impensable que Jesús mismo sea llamado el «Hijo de Dios»? Creo que está tratando de ayudar a sus críticos a ver la belleza de Dios viniendo al mundo como un ser humano.

32. Salmos 82:6-7.

33. Sería el legendario Dr. Gerry Breshears.

34. Isaías 45:5, el énfasis es añadido.

35. La versión que más me gusta es la que dice: «Yo soy el Señor, no tengo igual, no hay Dios, excepto yo».

36. 1 Corintios 8:5-6, cursivas añadidas.

37. En Deuteronomio 32:12 (que, por cierto, es un pasaje fascinante sobre cómo las naciones fueron entregadas a los «dioses») y en el Salmo 106:37.

38. A menos que cuentes el querubín de Isaías 6. ¡Pero desde luego que no son suecos!

39. Menos mal que tenemos *Rogue One,* que, para los registros, es una de las mejores películas de *La guerra de las galaxias* de todos los tiempos.

40. 1 Juan 3:8, énfasis añadido.

41. Hechos 10.38, énfasis añadido.

42. Marcos 1:39, énfasis añadido.

43. Colosenses 2:15.

44. Para un gran libro sobre la naturaleza multifacética de la expiación, recoge *La cruz de Cristo* de John Stott (Downers Grove, IL: InterVarsity, 1986). Y si quieres saber aún más sobre *Christus Victor*, comienza con el trabajo de Greg Boyd en su capítulo en *La naturaleza de la expiación: Cuatro puntos de vista*, editado por James K. Beilby y Paul R. Eddy (Downers Grove, IL: InterVarsity, 2006). Sí, John Stott y Greg Boyd en una sola frase. Creo que se habrían llevado bien.

45. Por supuesto, existen múltiples tipos de «universalismo». Hay formas antiguas de universalismo que ven la salvación para todas las personas, incluso para aquellos que no siguen a Jesús. Esa no es una idea nueva, pero la idea de que «todos los caminos [léase, religiones] conducen a Dios» es relativamente nueva.

46. Efesios 3:10.

47. Considera 1 Corintios 1:3, Gálatas 1:3; Efesios 1:2 y Filipenses 1:2 para hallar ejemplos.

48. El libro de Job es lo más cercano, pero en realidad se trata más de la justicia de Dios que de la cuestión del mal. Cuando lees el Nuevo Testamento, ninguno de los autores está luchando con el problema del mal.

49. Léelo en Mateo 6:10.

50. Si quieres saber más sobre mis pensamientos acerca de este espinoso tema, siéntete libre de escuchar una serie que hice sobre el problema del mal: http://bridgetown.church/teaching.

51. Greg Boyd en *God at War* [Dios en guerra] (Downers Grove, IL: InterVarsity, 1997), 129, mi énfasis. Este es uno de los mejores libros que he leído. Incluso si odias su enfoque sobre el teísmo abierto, sigue siendo una lectura realmente útil. Para aclarar, no soy un teísta abierto, pero creo que la versión moderada que Boyd defiende tiene cosas muy valiosas que decir y merece ser escuchada de manera justa, incluso si simplemente masticas la carne y escupes los huesos.

52. Para más información sobre cómo el secularismo creó el problema del mal en su forma actual, lee *Walking with God through Pain and Suffering* [Caminar con Dios a través del dolor y el sufrimiento] de Tim Keller (Nueva York: Dutton, 2013). Él hace un excelente trabajo señalando el terremoto de Lisboa de 1755 como el punto de inflexión en el pensamiento occidental sobre el mal.

53. 1 Corintios 10:14.

54. 1 Juan 5:21. Esto es, en realidad, una de las últimas cosas que Juan escribió como un hombre anciano: su última advertencia a su iglesia.

55. Esto es del libro *Counterfeit Gods* [Dioses falsos] de Tim Keller (Nueva York: Dutton, 2009), XIX, 155. Soy un gran fan de Keller, aunque discrepe en este punto.

56. Esto se encuentra en 1 Corintios 10:19-20, énfasis añadido.

57. Se encuentra en la obra de Wright, *Evil and the Justice of God* (Downers Grove, IL: InterVarsity, 2011), 112.

58. La cita es en realidad una paráfrasis del poeta francés Charles Baudelaire; se encuentra en la película clásica de 1995 *The Usual Suspects.*

59. Este discurso de apertura se convirtió en un pequeño gran libro titulado *This is Water* [Esto es agua] (Nueva York: Little, Brown, 2009). Se tarda quince minutos en leerlo y es fantástico.

Dios compasivo y misericordioso

1. Las fechas varían, pero probablemente entre el 1260 y el 1240 a. C. Unos pocos cientos de años después del éxodo.
2. Algunas versiones afirman que a causa de los jóvenes que estaban a punto de morir en la batalla (ver la obra de teatro de Esquilo, *Agamenón*), otros porque Agamenón mató un animal sagrado a Artemisa y se jactó de ser igual que ella en la caza (ver *Electra* de Sófocles).
3. Para un fascinante (y perturbador) ejemplo bíblico de esto, lee 2 Reyes 3:26–27. La historia es vaga, pero parece conectar el sacrificio del hijo primogénito del rey de Moab a una deidad sin nombre con la victoria de Moab sobre Israel.
4. Nota que, en hebreo, la palabra *hanun* tiene el "we" adjunto —esa es la conjunción "y".
5. De hecho, en otra versión pone «clemente» en Éxodo 34:6.
6. Esto se encuentra en 1 Reyes 3:26.
7. Isaías 49:15, énfasis añadido.
8. Salmos 103:13, énfasis añadido.
9. Éxodo 22:26–27 (mi énfasis).
10. 2 Reyes 13:22-23, énfasis añadido.
11. Se encuentra en Salmos 86:15-16, pero, aunque la cita proviene de la NVI, la palabra «misericordia» proviene de la NTV.
12. Esta cita elegida es de Arsunasipal II.
13. Esto y las dos citas anteriores se encuentran en *Ancient Records of Assyria and Babylon* [Registros antiguos de Asiria y Babilonia] de Daniel David Luckenbill, 2 vols. (Chicago: University of Chicago Press, 1926), 1:213, 1:146, 2:319.
14. Jonás 1:3.
15. Que, dicho sea de paso, es un lugar real, en Mali.
16. Para aquellos escépticos como yo, que tienen mucha dificultad con la historia del «gran pez», hay una buena razón

para creer que Jonás no es una autobiografía, sino más bien como ficción histórica. Jonás fue real, y Asiria fue real, pero es el único libro profético en la Biblia que no comienza con un marcador para su fecha y tiempo (por lo general, empiezan diciendo el año del rey). Además, está lleno de un lenguaje hiperbólico. Mi profesor de hebreo lo llamó «un cómic judío antiguo». Personalmente, me inclino hacia esa visión, pero estoy bien con cualquiera de las dos.

17. Jonás 3:4.

18. Esto está en Jonás 3:10.

19. Una vez más, «cambió de opinión» es una frase en inglés, no en hebreo, y fácilmente podrías malinterpretarla. No estoy cuestionando la omnisciencia de Yahveh ni diciendo que él cambió su conocimiento. Más bien, parece que cambió su actitud o relación hacia Nínive.

20. Jonás 4:2-3, énfasis añadido.

21. Tomado del Sermón del Monte en Mateo 5:43-44.

22. Mateo 4:45.

23. El Nuevo Testamento fue escrito en griego, no en hebreo. Así que descubrir cuándo los autores están citando Éxodo 34 puede ser un poco complicado. Así es como lo hice: unos pocos cientos de años antes de Jesús, la Biblia hebrea fue traducida al griego en una versión llamada la Septuaginta. Era la Biblia popular en los tiempos de Jesús y fue usada por todos los autores del Nuevo Testamento para citar el Antiguo Testamento. Así que simplemente usé la traducción de la Septuaginta de Éxodo 34 como mi base.

24. Esto es de Lucas 17:13, mi énfasis. Los eruditos de la Septuaginta tradujeron «compasivo y misericordioso» en Éxodo 34:6 como eleos, la palabra que estoy usando aquí.

25. Lucas 18:38, énfasis añadido.

26. Mateo 17:15, énfasis añadido.

27. La historia se narra en Lucas 15:11-32.

28. Lucas 15:13.

29. Lucas 15:20, énfasis añadido.

30. Mateo 5:44-45, énfasis añadido.

31. Lucas 6:36, RVA-2015.

32. Romanos 12:6, 8.

33. Hebreos 4:16, énfasis añadido.

Lento para la ira

1. En la academia, los términos correctos son «equivalencia formal» y «equivalencia dinámica». La equivalencia formal trabaja más para imitar las palabras exactas del texto original, mientras que la equivalencia dinámica considera que la mejor manera de traducir es cambiar las palabras para transmitir mejor el pensamiento original. No es mejor/peor, sino una verdadera discrepancia filosófica. Por ejemplo, si quisieras traducir del español al inglés la frase: «¿Cuántos años tiene usted?», una traducción de equivalencia formal sería «*How many years have you?*», pero una traducción de equivalencia dinámica sería «*How old are you?*» ¿Cuál es la «mejor» traducción? Difícil de decir. De ahí, el debate continúa…

2. Proverbios 14:29. La NIV traduce *erek apayim* «paciente».

3. Proverbios 16:32 en otra versión.

4. Tomado del *Targum Neofiti 1: Exodus* (Collegeville, MN: Liturgical Press, 1994), 138.

5. Salmos 7:11-12, énfasis añadido.

6. Habacuc 3:2, énfasis añadido.

7. Salmos 5:5-6, énfasis añadido.

8. Salmos 11:5, énfasis añadido.

9. Tomado del libro magistral de John Stott *The Cross of Christ* [La Cruz de Cristo], ed. 20º aniversario (Downers Grove, IL: InterVarsity, 2012), 171.

10. En Cornelius Plantinga Jr, *Not the Way It's Supposed to Be* [No es como debería ser] (Grand Rapids: Eerdmans, 1996), 58.

11. Éxodo 21:24.

12. De la película *Taken*, del 2008, conocida como *Búsqueda implacable* en Latinoamérica y *Venganza* en España.

13. Tomado íntegro de Nahúm 1:2-3, énfasis añadido.

14. Aquí hay tres ejemplos donde la frase o el concepto se usan: Génesis 15:16, Mateo 23:32 y 1 Tesalonicenses 2:16.

15. Como unos años después, en el 612 a. C.

16. Lo escribió en «Contribución a la crítica de la filosofía del derecho de Hegel», en *Los anales francoalemanes*, publicado originalmente en 1844.

17. Se encuentra en su ensayo titulado «The Discreet Charm of Nihilism» [El discreto encanto del nihilismo] en *New York Review of Books,* 19 de noviembre 1998.

18. 2 Samuel 6:7.

19. El segundo discurso inaugural se encuentra en https://avalon.law.yale.edu/19th_century/lincoln2.asp.

20. Puedes leerlo en Romanos 1:24, 26, 28, énfasis añadido.

21. Esto no es cierto para aquellos que aman y siguen a Jesús en el Espíritu. Tus deseos más profundos provienen del Espíritu. Estoy hablando de personas cuyos corazones están desincronizados con los de Yahveh.

22. Como dijo Job: «¿Por qué viven los impíos y se envejecen, y además crecen en riquezas?» (Job 21:7, RVA-2015).

23. Salmos 6:3 y 13:1, por ejemplo.

24. Esto se encuentra en la entrevista de *U. S. News & World Report* («Humankind: Wisdom, Philosophy, and Other Musings» [La Humanidad: sabiduría, filosofía y otras reflexiones], p. 86) 27 de octubre de 1986.

25. Marcos 1:15.

26. Para un gran libro sobre el evangelio, lee *The King Jesus Gospel* [El Evangelio del Rey Jesús] de Scot McKnight (Grand Rapids: Zondervan, 2016). Hace un excelente trabajo desafiando muchas ideas erróneas sobre el evangelio y nos invita a repensar el mensaje básico de Jesús.

27. Este requisito se halla en muchos lugares de la Torá, incluido Éxodo 12:5, Levítico 1:3 y Números 6:14.

28. Esto es de Juan 2:13–17. Aparece en los cuatro Evangelios. Cuando eso ocurre, debemos prestarle atención. Es como si Mateo, Marcos, Lucas y Juan se hubieran reunido y dijeran: «La gente necesita saber esto».

29. Mi teoría sobre la obsesión de los hípsters con la franela es que todo se remonta a la escuela dominical…

30. Algunos eruditos no están de acuerdo y piensan que esto ocurrió antes, porque en el Evangelio de Juan está en el capítulo 2. Pero la mayor parte argumenta que el Evangelio de Juan no sigue un orden cronológico, y que los otros tres Evangelios lo colocan al final porque fue una de las principales razones por las que Jesús fue arrestado y crucificado.

31. 1 Juan 4:8.

32. La primera vez que me expuse a esta idea de que «cómo nos relacionamos es cómo nos relacionamos» en un libro llamado *The Relational Soul* [El alma relacional] de Richard Plass y James Cofield (Downers Grove, IL: InterVarsity, 2014). No puedo recomendarlo lo suficiente, especialmente si estás lidiando con heridas de tu familia de origen.

33. Se titula *The Emotionally Healthy Church* [La iglesia emocionalmente sana] de Peter Scazzero (edición actualizada publicada por Zondervan en 2015), y es *fantástico.*

34. Esto es Santiago 1:19-20, énfasis añadido.

35. De Santiago 5:7, 8, 10, mi énfasis. La palabra que Santiago usa en griego para la idea de paciencia es *makrothymia*, y es la traducción griega de *erek apayim*, o «lento para la ira».

36. Tomado del capítulo 5:11, énfasis añadido.

37. Santiago 5:9.

Grande en amor y fidelidad

1. Si quieres saber más, tengo un libro sobre esto. Se titula *Loveology* [Amorología]. Sí, esto es una publicidad descarada.

2. Daniel Block, *Judges, Ruth* [Jueces, Ruth] (Nashville: Broadman & Homan, 1999), 634-35.

3. Salmos 89:1-2, énfasis añadido.

4. Salmos 89:28, 33, énfasis añadido.

5. Esto está en Génesis 12:2-3.

6. Lee Génesis 17:1-8 para la historia sobre el cambio de nombre de Abraham.

7. Esto está en Génesis 15:12-17.

8. Nehemías 9:17, énfasis añadido.

9. Nehemías 9:32-33, énfasis añadido.

10. Hechos 3:25-26.

11. Por esto, Pablo afirma que Génesis 12 «anunció de antemano el evangelio» en Gálatas 3:8.

12. 2 Timoteo 2:13.

13. Juan 16:33.

14. Mateo 6:10. Lee también Lucas 22:42.

15. Romanos 8:28. Observa que esta línea suele citarse de forma errónea como «todas las cosas obran juntas para bien». *No* es eso lo que dice.

16. Isaías 54:2-3.

17. Proverbios 22:6.

18. Lee el informe emitido por el U. S. Census Bureau en 2011 para «Number, Timing, and Duration of Marriages and Divorces: 2009» [Número, calendario y duración de los matrimonios y divorcios: 2009], 15, 18. Se encuentra en www.census.gov.

19. 4.4, para ser exactos. Ver el artículo en *Forbes* de Jeanne Meister: https://www.forbes.com/sites/jeannemeister/2012/08/14/the-future-of-work-job-hopping-is-the-new-normal-for-millennials/.

20. La frase «larga obediencia en la misma dirección» procede, de manera bastante extraña, de Friedrich Nietzsche en su libro *Más allá del bien y del mal.*

Pero no tendrá por inocente al culpable

1. Por ejemplo, piensa en su enseñanza en Mateo 5:17-19: «No piensen que he venido a anular la Ley o los Profetas; no he venido a anularlos, sino a darles cumplimiento. Les aseguro que mientras existan el cielo y la tierra, ni una letra ni una tilde de la Ley desaparecerán hasta que todo se haya cumplido. Todo el que infrinja uno solo de estos mandamientos, por pequeño que sea, y enseñe a otros a hacer lo mismo, será considerado el más pequeño en el reino de los cielos; pero el que los practique y enseñe será considerado grande en el reino de los cielos».

2. Salmos 40:11, énfasis añadido.

3. Juan 1:29, énfasis añadido.

4. Miqueas 7:18-19, énfasis añadido. Extra: el nombre del profeta Miqueas significa «¿Quién como Yahveh?» y el párrafo final de su libro comienza con la pregunta «¿Qué Dios es como tú?». Hermoso juego de palabras de un profeta literario.

5. Sería Douglas K. Stuart, en el comentario *Exodus* (Nashville: Broadman & Holman. 2006), 716.

6. Una vez más, otra versión al rescate. El problema es que el término *culpable* no está ahí en el hebreo. Solo un verbo que significa «dejar sin castigo».

7. Esto se encuentra en Romanos 3:23.

8. Amós 5:24.

9. Deuteronomio 24:16, énfasis añadido.

10. Esto es Jeremías 32:18-19, énfasis añadido.

11. Mi amigo, el Dr. Tim Mackie, me señaló esto primero, y pueden encontrarse debates muy útiles en comentarios sobre Éxodo, como el de Doug Stuart (Nashville: Broadman & Holman, 2006) y el de Umberto Cassuto (Jerusalén: Hebrew University Magnus Press, 1967).

12. Santiago 2:13, RVR1960.

13. Esta es una frase común en los cinco primeros libros de la Biblia: Éxodo 3:8, 17; 13:5; 33:3; Levítico 20:24; Números 13:27; 14:8; 16:13, 14; Deuteronomio 6:3; 11:9; 26:9, 15; 27:3; 31:20. La teoría principal es que «leche» significa que era una tierra buena para criar ganado, y «miel» significa que también era buena para la agricultura. Por tanto, una tierra rica, fértil, llena de oportunidades.

14. De Números 14:4, NTV.

15. Números 14:10.

16. Génesis 2:17.

17. Se encuentra en Génesis 3:4-5.

18. Hace un tiempo escribí una serie sobre la Biblia llamada *It is Written* [Está escrito], donde hablo de ella como literatura y Escritura, y cómo leer pasajes como Génesis 3. Puedes escucharla en: http://bridgetown.church/series/it-is-written.

19. Números 14:11-12.

20. Números 14:13.

21. Números 14:17-19, énfasis añadido.

22. Números 14:21, 23, 31-33, énfasis añadido.

23. Juan 1:14.

24. Juan 1:29.

25. Ver Hebreos 9:13 y 10:4.

26. No hay nada sorprendente en que Jesús muriera durante la Fiesta judía de la Pascua, en la misma noche en que se sacrificaba el cordero pascual. Eso no es algo aleatorio ni accidental. Toda la escena está llena de simbolismo. Jesús enmarca su muerte dentro de la Pascua. Él es *el* Cordero Pascual, que ha venido a morir en lugar de Israel para que puedan salir de la esclavitud y entrar en la libertad.

27. Romanos 3:25-26, énfasis añadido.
28. Como dijo el erudito del Antiguo Testamento Chris Wright al hablar de Éxodo 34:6-7: «La paradoja inherente en esta autodescripción, en la que Yahveh se caracteriza por la compasión, la gracia, el amor y la fidelidad, y sin embargo no deja el pecado sin castigo, solo se resuelve finalmente en la cruz». Esta cita proviene de su ensayo «Atonement in the Old Testament» [La expiación en el Antiguo Testamento], incluido en *The Atonement Debate* [El debate sobre la expiación], editado por Derek Tidball et al. (Grand Rapids: Zondervan, 2008), pág. 75.
29. Mateo 3:17.
30. Para un gran ejemplo de esto lee Génesis 22. Abraham no «derrama su ira» sobre Isaac. Ama profundamente a Isaac, pero está dispuesto a hacer el sacrificio supremo. Afortunadamente Abraham no tuvo que hacerlo. Pero Yahveh sí.
31. Hebreos 10:31 en otra versión.
32. Ver el resto en Hebreos 12:4-13.
33. Salmos 103:12.
34. Tomado de Joel 2:12-14.

Epílogo: Celos

1. Esto es Éxodo 34:8, y el resto de la historia procede de los siguientes párrafos de ese capítulo.
2. Éxodo 34:12-14, énfasis añadido.
3. Aquí tienes unos cuantos ejemplos extraordinarios: Deuteronomio 28:10, 2 Crónicas 7:14 e Isaías 43:7.

John Mark Comer vive, trabaja y escribe en el núcleo urbano de Portland, Oregón, junto con su esposa, Tammy, y sus tres hijos: Jude, Moses y Sunday.

Es el pastor encargado de la enseñanza y la visión en Bridgetown Church y tiene un máster en estudios bíblicos y teológicos de Western Seminary. John Mark también es autor de *My Name Is Hope* [Mi nombre es Esperanza], *Loveology* [Amorología] y *Garden City* [Ciudad Jardín].

Para más enseñanzas de John Mark sobre las Escrituras, Jesús y la vida, visita Bridgetown.church, suscríbete al pódcast o visita johnmarkcomer.com.

P295